한국인의 우리성,
정情의 관점으로
누가복음 19:41-48 새로 읽기

예 수 의 정情 과 눈 물

한국인의 우리성, 정情의 관점으로 누가복음 19:41-48 새로 읽기

안경순 지음

한국학술정보

이 저서는 2021년 대한민국 교육부와 한국연구재단의 지원을 받아 수행된 연구임
(NRF-2021S1A5B5A17047816)

서문

필자는 목회 사역과 성서 연구를 병행하며 예수님의 따뜻한 마음과 눈물 흘리는 모습을 많이 생각했다. 이러한 마음이 시발점이 되어 필자는 성서 연구에 예수의 사랑을 한국인의 정(情)의 관점과 접목한 해석학적인 새로운 시도를 해오고 있다. 이 책도 그 연장선상의 일환으로 그동안 필자의 연구 결과들인 정(情) 이해를 총망라하여 한국인의 우리성, 정(情)의 관점으로 누가복음 19:41-48 읽기를 시도한 연구가 중심을 이룬다. 곧 한국인의 우리성, 정(情)의 관점으로 누가복음 19:41-48 새로 읽기는 예수와 예루살렘 성전과의 관계를 중심으로 예수의 내면을 한국적 시각에서 살펴봄을 통해, 예수와 누가공동체와의 관계를 보다 구체적으로 이해하기 위함이다. 본 연구를 통해 가깝고 친밀한 한국적인 새로운 예수상 정립에 기여하며, 독자들에게 한국적 정서를 통한 성서 읽기의 의미와 가치를 드러내고자 한다.

그동안 필자가 예수의 사랑을 한국인의 정(情)의 관점과 접목해 온 요한복음 연구들은 이 책의 부록 아닌 부록으로 수록하여 한국적 정서를 통한 성서 읽기에 대한 독자들의 더 깊은 관심과 이해를 도모하고자 한다. 성서 읽기를 한국인의 정(情)의 관점과 연결한 이와 같은 시도들을 통해 필자는 성서해석에 대한 그동안의 서구 중심적인 시선을 보완하며, 한국적 정서와 사상을 활용한 성서해석으로의 연구 촉진과 활성화를 의도하고 있다. 이 여정에 독자들과 함께 걸을 수 있음이 기쁨이자 보람이다. 부족하지만 이 책을 통해 예수님을 많이 생각하며 예수님과의 관계가 더 깊어지고, 예수님의 따뜻한 사랑의 마음을 닮은 성도와 목회자들이 많아지기를 바라고 기도한다. 또한, 이 책이 하나님을 더 높이는 데 사용될 수 있기를 두 손 모아 기도한다.

차례

한국인의 우리성, 정(情)의 관점으로
누가복음 19:41-48 새로 읽기

　　본 연구는 누가복음 19:41-48의 예수와 예루살렘 성전과의 관계에 대해 한국인의 우리성, 정(情)의 관점으로 새로운 읽기를 제안한다. 이를 통해 그동안의 서구 중심적인 시선을 보완하며 한국적 정서를 통한 예수와 사람이 아닌 대상(對象)과의 관계, 나아가 누가공동체와의 관계에 대한 더 나은 통찰을 얻어낸다. 이를 위해 먼저 한국적 정서인 우리성, 정(情)의 개념과 원리에 대해 살펴보고 한국인의 우리성, 정(情)의 관점을 매개로 하여 누가복음 19:41-48에 대한 읽기를 시도한다. 이와 같은 시도는 예수와 예루살렘 성전과의 관계를 중심으로 당시 만연하던 유대인의 신념과 가치를 넘어서는 예수의 내면에 대한 면밀한 살펴봄을 통해, 예수와 누가공동체와의 관계를 보다 구체적으로 이해하기 위함이다. 또한, 예수를 통한 하나님의 구원 계획의 성취 측면에서, 누가복음의 예수와 예루살렘 성전과의 관계를 중심으로 예수의 언행에 담긴 하나님의 속성과 본질에 대한 깊은 이해와 해석의 지평을 확장하기 위함이다. 이러한 과정 가운데 새로운 예수상 정립에 기여하며, 한국적 정서를 통한 성서 읽기의 의미와 가치가 보다 세밀히 드러나게 될 것이다.

주제어

누가복음 19:41-48, 예수, 관계, 우리성, 자라감

I.
들어가면서

누가복음에는 예루살렘(Jerusalem)이 30회 이상 언급된다.[1] 이는 다른 복음서에 두 배에 이르는 것이다.[2] 누가복음은 데오빌로를 향한 헌사(눅 1:1-4)를 제외하고, 이어지는 처음 부분(눅 1:5-25)과 끝부분(눅 24:50-53)이 예루살렘 성전을 배경으로 한다. 또한, 예수의 사역을 설명하고 확장해 가는 예루살렘으로의 여정(눅 9:51-19:28)이 누가복음 이야기의 중심을 이루도록 구성되어 있다.[3] 게다가 누가복음이 헬라 문화에 거하는 독

---

1 예루살렘은 사사기에서 여부스라고도 칭해진다(삿 19:10).

2 개역개정에 마태복음 12회, 마가복음 11회, 요한복음 13회.

3 유상현, "사도행전의 예루살렘," 기독교 사상 40/6 (1996), 27. 누가복음 9:51에서 예수는 자신의 죽음과 하나님의 영광을 위해 "예루살렘을 향하여 올라가기로 굳게 결심하신"(αὐτὸς τὸ

자들을 염두에 두어 예수의 감정 표출 묘사를 자제하는 경향에도 불구하고, 예수가 예루살렘을 향하여 가다가 예루살렘 성(성읍)을 보고 눈물을 흘리는 부분은 인상적이기까지 하다(눅 19:41).[4] 누가복음 저자(이하 누가)는 왜 다른 복음서보다 예루살렘을 강조하고, 나아가 예수가 예루살렘 성을 보고 눈물을 흘리는 모습까지 자세히 소개하는 것일까?

그동안 복음서에 관한 연구는 예수와 사람과의 관계에만 초점을 맞추는 것이 주(主)를 이루었다. 그러기에 관계 맺음 측면에서 예수와 사람이 아닌 다른 대상(對象)과의 관계를 살펴보는 것에 많은 관심을 기울이지 않은 게 사실이다. 예수가 이 땅에 오셔서 관계 맺은 것은 단지 사람만이 아니다. 예수는 사람뿐만 아니라 장소(공간), 동ㆍ식물, 심지어 시간과도 관계를 맺었다고 할 수 있다. 여기서 더 나아가 예수는 모든 삼라만상과 관계를 맺었다고 할 수 있다. 이에 본 연구는 누가복음에서 예수와 사람이 아닌 대상 가운데 가장 대표적이라고 할 수 있는 예수와 예루살렘 성전과의 관계, 이를 기반으로 예수와 누가가 염두에 둔 공동체(이하 누가공동체)와의 관계의 그 내밀함과 가치에 대해 유추해 보고자 한다.[5] 이

πρόσωπον ἐστήρισεν τοῦ πορεύεσθαι εἰς Ἰερουσαλήμ) 후, 제자들과 함께 예루살렘을 향한 여정을 시작한다. 그리고 예수는 십자가에서 돌아가시기 일주일 전 예루살렘에 들어간다(눅 19:28).

4 이러한 누가의 경향을 누가복음 18:16(막 10:14 참조), 18:22(막 10:21 참조)에서 발견할 수 있다. 누가는 "분노 등의 감정 표현을 열등한 것으로 간주하는 헬라 문화 속에 사는 독자들을 염두에 두었을 것이다." 신현우, 『누가복음 어떻게 읽을 것인가』(서울: 성서유니온, 2018), 110.

5 국내에서 복음서를 통해 예수와 예루살렘 성전과 관련한 그동안의 주요한 연구는 다음과 같다. 임진수, "예수와 예루살렘 성전과의 갈등: 전승사 연구,"『신학과 세계』71 (2011), 30-62; 정다운, "요한복음의 기독론적 성전 신학: 성육신에 나타난 성전 모티프를 중심으로,"『한국개혁신학』75 (2022), 177-212; 정연해, "예수님과 성전-누가복음을 중심으로,"『성경과 신학』37 (2005), 570-616; 정혜진, "마가복음 서사담론의 성전-이데올로기 비판: 죄사함 논쟁 대화(막 2:1-12)의 문학사회학적 연구,"『신약논단』23/4 (2016), 969-1007.

를 위해 누가복음 19:41-48을 사람이 아닌 대상과의 관계에서도 여전히 유효하고, 보다 마음에 와닿을 수 있는 한국적 시각과 접목하여 그동안의 서구 중심적인 시선을 보완하며 누가복음 전체 본문까지 고려하면서 살펴보게 될 것이다.[6] 누가복음 19:41-48은 이러한 한국적 시각과 접목을 통해 예수와 사람이 아닌 대상인 예루살렘 성전과의 관계를 넘어, 예수와 누가공동체와의 관계에 대해서도 유추 가능한 본문이라고 할 수 있기 때문이다.

이를 위한 방법론적 전제는 1세기 고대 지중해 지역의 사회적, 역사적 정황들이 복음서 저자와 저자가 속한 공동체에 영향을 미친다는 역사비평의 전망에서, 본문을 최종 본문으로 하여 누가복음 전체와 연결시키는 문학비평에도 기대면서 누가복음 19:41-48을 해석할 것이다.[7] 즉 1세기 지중해 지역의 사회적, 역사적 정황에서 누가공동체가 처한 여러 갈등 상황 가운데 누가가 의도했을 예수와 예루살렘 성전, 누가공동체의 관계 맺음에 대해 추론할 것이다.[8] 이를 위해 누가복음의 예수와 예루살렘 성전과의 관계를 통시적이고 공시적으로 살핀 후, 누가복음 19:41-48을 그 전후 문맥, 누가복음 전체 맥락과 연결한 성서해석을 이어가고자 한다. 이 과정에서 한국인의 우리성, 정(情)이 매개가 되어 당시 만연하던 유대인

---

6 1세기 팔레스타인 사람들은 전통적인 한국인들처럼 관계 지향적이고 집단주의 의식이 강했다. B. J. Malina, 『신약의 세계』, 심상법 역 (서울: 솔로몬, 1999), 119-30. 특히 신약성서는 논증법, 그리스 철학 및 윤리적 주제들과 관련해서 유대교 양식, 그리스 양식을 반영하고 있으며, 그리스-로마 문화의 특정 측면들과 교류하고 있다고 지적된다. D. A. DeSilva, *Honor, Patronage, Kinship & Purity: Unlocking New Testament Culture* (Downers Grove: InterVarsity Press, 2000), 20.

7 전병희, 『누가와 로마 제국』(서울: 기독교문서선교회, 2017), 33-34.

8 누가복음 저작 시기를 공관복음 문제에 대한 판단과 최초의 복음서인 마가복음의 저작 시기를 고려하여 주후 75년 이후에서 주후 90년 사이로 상정하고자 한다.

의 신념과 가치를 넘어서는 예수의 내면에 대한 면밀한 살펴짐이 있을 것이다.[9] 이를 통해 예수와 누가공동체와의 관계를 보다 구체적으로 이해하고, 예수를 통한 하나님의 구원 계획의 성취 측면에서 예수의 언행에 담긴 하나님의 속성과 본질에 대한 깊은 이해와 해석의 지평을 확장하게 될 것이다.[10] 즉 이러한 과정을 통해 누가복음 안에서 새로운 예수상 정립에 기여하며, 한국적 정서를 통한 성서 읽기의 의미와 가치를 보다 세밀히 드러내고자 한다.

---

9   본 연구에서 한국인의 우리성, 정(情)이 같은 범주에 있는 것으로 보고 우리성, 정(情)의 개념을 사용하고자 한다.

10   J. T. Squires, *The Plan of God in Luke-Acts* (Cambridge: Cambridge University Press, 1993), 121-85.

II.
한국적 정서인 우리성, 정(情)과 그 대상 이해

1. 한국적 정서인 정(情) 이해[11]

한국인은 대부분이 한국의 문화 속에서 태어나 자라고 그 문화의 영향을 받으며 살아간다. 한국의 문화에는 사상, 가치관, 정서 등이 포함되는데 거기에 정(情)의 정서가 자리하고 있다.[12] 정(情)은 한국의 상황 속에서

---

11 이 부분은 안경순, "요한복음의 나사로 이야기: 예수의 '정'(情)과 눈물을 중심으로," 『신약논단』 26/1 (2019), 152-54와 "요한복음 21:1-19 다시 읽기: 예수의 '정'(情)을 중심으로," 『장신논단』 52/5 (2020), 41-45에 게재된 내용을 보완하여 확장한 것이다.

12 정서는 학자마다 보는 관점에 따라 다양하게 정의된다. 정서의 사전적 의미는 "사람의 마음에

자라난 고유의 정서이다.[13] 이러한 정(情)은 인간의 다양한 감정과 정서를 담고 있어 개념적으로 정의하기가 어렵다.[14] 김성규는 정(情)에 대해 "한 국인의 심리와 심성을 대표하는 감정으로, 장기간의 반복적인 접촉을 통해 무의식적으로 서서히 생기는 애착의 감정이며 정신적 유대감"이라고 정의한다.[15] 김정두는 정(情)을 한국인의 한(恨)의 정서와 연결하여 "고난의 과정을 통해 한(恨)의 정서를 지니고 살아가는 사람들이 같은 처지에 있는 사람이나 동물에게 품게 되는 개방된 마음, 의지하는 마음, 기대는 마음, 마음을 주는 것, 따뜻한 공감, 그리고 측은지심(惻隱之心)의 마음" 이라고 정의한다.[16] 앤 조(W. Anne Joh)는 정(情)에 대해 사랑의 한 차원으로서 아가페(ἀγάπη), 필리아(φιλια), 에로스(ἔρως)를 모두 함축하고 있는 개념이라고 주장한다.[17]

　　더욱이 정(情)은 한국인의 내면과 개인적, 사회적 관계에 영향을 미치

　　　일어나는 여러 가지 감정 또는 그런 감정을 일으키는 기분이나 분위기를 말한다." 이동근, "효과적인 설교를 위한 정서연구: 한국인의 정서를 중심으로" (신학박사 학위논문: 총신대 목회신학전문대학원, 2017), 21.

13　임태섭, 『정, 체면, 연줄 그리고 한국인의 인간관계』(서울: 도서출판 한나래, 2002), 17.

14　인간의 자연적 감정은 희(喜, 기쁨), 노(怒, 노여움), 애(哀, 슬픔), 락(樂, 즐거움), 애(愛, 사랑), 오(惡, 미움), 욕(慾, 욕망) 등의 감정을 말한다.

15　김성규 외, "브랜드 정(情)과 브랜드 자산 구성요인과의 관계," 『경영연구』 25/2 (2010), 201. 한국인 특유의 심리 연구에 매진한 최상진도 한국인의 심층적 감정과 정서적 특성으로 정(情)을 언급한다. 최상진, 『한국인의 심리학』(서울: 학지사, 2011), 12.

16　김정두, "사랑, 사랑의 신학 그리고 한국인의 정," 『한국조직신학논총』 40 (2014), 295.

17　Wonhee. Anne Joh, "The Transgressive Power of Jeong: A Postcolonial Hybridization of Christology," *Postcolonial Theologies: Divinity and Empire*, ed. by Catherine Keller, Michael Nausner & Mayra Rivera (St. Louis: Chalice Press, 2004), 152, 156. 심지어 앤 조(W. Anne Joh)는 십자가를 한(恨)과 정(情)의 구체화로 해석하기도 한다. Anne Joh, "The Transgressive Power of Jeong: A Postcolonial Hybridization of Christology," 149-63; 김정두, "사랑, 사랑의 신학 그리고 한국인의 정," 295에서 재인용.

는 중요한 요소라 할 수 있다.[18] 정(情)은 영어로 "sympathy, compassion, mercy, affection, benevolence, fellow feeling" 등으로 번역되는데, 이러한 번역은 한국적 정서인 정(情)의 핵심을 담아내지 못한다.[19] 곧 정(情)은 서구의 개념으로 정확히 표현하기 쉽지 않은 한국적 정서이다.[20] 따라서 한국인들에게 정(情)이라는 개념은 한국적 정체성을 반영해 주는 것으로, 이어령은 오랜 세월을 살아오면서 한국인들을 서로 결합시킨 정(情)에 대해 다음과 같이 말한다.[21]

> 한국 사람들은 오랜 세월을 두고 어려운 일, 기쁜 일, 슬픈 일을 함께 나누면서 정으로 뭉쳐온 집단입니다. 정의 문화가 지열(地熱)처럼 우리의 마음속에 숨겨져 있는 것입니다. 성서에 보면 "태초에 말씀이 있었다"라고 했는데, 그 말씀은 로고스지요. … 만약 우리가 성서를 쓴다면 "태초에 정이 있었다"라고 썼을 것입니다. 우리가 태어난 것도 부모님의 정, 효(孝)도 부모님의 정, 모든 것이 정으로 얽힌 민족이라고 말할 수 있습니다.

좀 더 엄밀히 정(情)은 고려 후기 문헌인 동국이상국집(東國李相國集) - 지리지(地理誌)에서 동명왕 편에 등장하는데, 이렇듯 오랜 역사성을 가

---

18 이규태, 『한국인의 정서 구조 2: 인정·흥·신바람』(서울: 신원문화사, 1999), 63-78.

19 최명민, "한국인의 정(情)을 고려한 정신보건사회복지 실천방법 모색," 『정신보건과 사회사업』 30 (2008), 360.

20 마이어스(D. G. Myers)에 의하면 "정서는 내적인 생화학적, 외적인 환경적 영향과 상호작용하는 개인의 마음 상태에 대한 심리적 경험의 복합체(complex)다. 인간에게 정서는 근본적으로 심리적 각성(arousal), 표현적 행동 그리고 의식적인 경험을 포함한다." D. G. Myers, *Theories of emotion* (NY: Worth Publishers, 2004), 500.

21 이어령, 『신한국인』(서울: 문학사상사, 2000), 176.

지고 한국인 의식에 이어져 왔다.[22] 한국인은 다른 사람에게 관심을 두고 도와주는 정(情) 있는 모습과 다른 사람을 이해하며 동정하는 "인정(人情) 많은 사람"을 이상적으로 생각한다.[23] 더욱이 정(情)을 통해 다른 사람을 이해하며 다른 사람에게 관심을 두고 돕는 것은 한국인의 삶과 사상을 이끌어온 어짊(仁)의 범주에 속하는 실천적 규범들이다.[24] 이런 점에서 한국인이 정(情)을 중요시하는 전통은 우리 고유의 인(仁)[25] 사상이 오래전부터 이어져 내려온 결과라고 유추할 수 있다.[26]

가족주의, 고도의 집단주의 사회라고 할 수 있는 한국 사회에서[27] 한국인은 관계성, 시간성, 공간성을 바탕으로 이러한 정(情)을 추구한다.[28] 정(情)은 개인적, 사회적 관계를 결속시키고 "즉흥적 감성의 표상이 아니라 지속적 관계에서 나오는 누적적인 정서의 의미가 있다."[29] 정(情)은 타인과 함께 고생하거나 함께 즐거움을 나눌 때에, 타인이 자신을 배려할 때에, 그런 시간이 오래 반복될 때에 서서히 드는 것이다.[30] 정(情)은 서로에

---

22 동국이상국집(東國李相國集) - 지리지(地理誌)에서 동명왕 편; 최상진 외, "미운 정 고운 정의 심리적 구조, 표현행위 및 기능분석," 『한국심리학회 학술대회 자료집』 1999-1 (1999), 24에서 재인용.

23 최명민, "한국인의 정(情)을 고려한 정신보건사회복지 실천방법 모색," 360.

24 고영건 · 김진영, "한국인의 정서적 지혜: 한의 삭힘," 『한국학』 28-3 (2005), 280-81.

25 인(仁)은 다른 사람을 자신처럼 사랑하는 마음(仁者 愛之理)이라는 뜻이 담겨있다.

26 김익수, "우리 고유의 인(仁) 사상과 효 문화의 형성과 공자의 계승," 『청소년과 효 문화』 32 (2018), 19-31.

27 G. Hofstede, *Cultures and Organizations* (Berkshire: McGraw-Hill, 1991), 49-78.

28 김정두, "사랑, 사랑의 신학 그리고 한국인의 정," 300.

29 김종덕 · 이은주, "한국적 정서를 반영한 TV 광고 캠페인의 기호학적 분석과 의미 변화," 『Archives of Design Research』 27-3 (2014), 158.

30 구미정, 『한 글자로 신학 하기』(서울: 대한기독교서회, 2007), 35.

게 말하지 않아도 느낄 수 있고 서로에게 전해진다. 최명민의 지적대로 "사람들은 특히 힘들고 외로울 때 정(情)의 관계에 있는 사람을 찾고, 거기에서 정서적 안정"을 얻기까지 한다.[31] 더욱이 부부간, 부모와 자식 간, 상사지간, 사제간, 친구 간에 어찌할 수 없는 상황에서도 "그놈의 정(情) 때문에…"라고 말하며 극한 상황을 이겨나가는 것을 우리는 흔히 목도할 수 있다. 정(情)은 사람을, 그 관계를, 상황을 움직이는 힘이 있다. 정(情)은 사랑처럼 서로 간의 관계 속에서 자타(自他)나 주객(主客)의 이분법도 무너져 내리게 하는 것이다.[32]

1) 고운 정(情)

정(情)의 심리적 속성은 서로 간에 일체감을 느끼게 해주고, 아껴주는 마음이 형성되며 허물없는 관계를 만들어준다.[33] 한국인은 서로 간에 "친해지고 가까워지는 관계가 형성되는 것을 '정(情)이 든다'라는 말로 표현한다."[34] 최봉영은 이러한 정(情)을 우리와 연결지어 다음과 같이 언급한다.[35]

31 최명민, "한국인의 정(情)을 고려한 정신보건사회복지 실천방법 모색," 362.

32 구미정, 『한 글자로 신학 하기』, 33.

33 최상진 외, "미운 정 고운 정의 심리적 구조, 표현행위 및 기능분석," 25.

34 최상진 외, "정의 심리적 구조, 행위 및 기능 간의 구조적 관계 분석," 『한국심리학회지: 사회 및 성격』 14-1 (2000), 207.

35 최봉영, 『조선 시대 유교 문화』(서울: 사계절, 2002), 268; 고미숙, "도덕적 인간상으로서 정(情) 있는 인간 탐구," 『윤리교육연구』 22 (2010), 147에서 재인용.

나와 네가 맺어져 우리의 세계를 구성하는 관계의 끈이 정(情)이다. 따라서 정(情)의 끈이 형성되지 않으면 우리의 세계가 만들어지지 않는다. … 우리라는 정(情)의 관계 속에 있는 나와 너는 상호부분자적 관계에 있다. 나와 네가 통체인 우리의 부분자로서 존재할 때, 나와 너를 초월하는 우리의 세계가 존재하게 된다. … 정(情)의 내용은 우리 속에 있는 나와 네가 정(情)을 주고받으며, 이룩한 우리로서의 정서적 공감대를 말한다.

특히 고운 정(情)은 서로 간의 오랜 시간, 우리의 관계 속에 긍정적으로 스며든 정서이다.[36] 고운 정(情)은 서로 간의 관계에서 상대를 배려하며, 다정다감한 점에서 사랑과 유사한 측면이 있다.[37] 사랑이 관계적 개념이요 움직이는 개념이듯, 고운 정(情)도 서로 간의 오랜 관계 속에 서서히 스며들게 된다. 일반적으로 서로 간의 관계에서 '정이 들었다'라고 말할 때 고운 정(情)을 중심으로 일컫는 것이다.[38] 김종민은 일상생활에서 느끼는 정(情), 좀 더 엄밀히 상대에게 무언가를 해주고 싶은 마음이 더 앞서는 고운 정(情)에 대해 할머니의 손주 사랑, 어머니의 자식 사랑에 빗대어 설명하기도 한다.[39]

시골 할머니 댁에 가면 할머니는 오랜만에 온 손주가 예쁘고 반가워서 무엇인가를 끊임없이 챙겨준다. 고봉밥에, 고깃국에, 파전에, 생선에, 나물에. 배가

---

36 이규태, 『한국인의 의식구조 4』(서울: 신원문화사, 2000), 15.

37 고영건 · 김진영, "한국인의 정서적 지혜: 한의 삭힘," 281.

38 최상진 외, "미운 정 고운 정의 심리적 구조, 표현행위 및 기능분석," 24.

39 김종민, "한국인의 정(情)의 정서를 통한 동일화된 설교 적용의 연구," (목회학박사 학위논문: 총신대 목회신학전문대학원, 2018), 28.

부르도록 먹고 나면 할머니는 과일, 떡, 약과, 수정과 등등을 계속 내오신다. … 더는 못 먹겠다고 손사래를 쳐도 할머니의 손주 사랑은 그칠 줄 모른다. … 1970~80년대 첫 휴가를 얻어 집에 가 본 세대라면, 어머니는 진수성찬을 차려놓고도 마음에 차지 않으신지 계속해서 뭔가를 내어놓고 먹으라고 하시는 모습, 배가 불러 못 먹겠다고 하여도 들었는지, 듣고도 못 들은 척하시는지 막무가내로 더 주시는 모습. 그리고 귀대하는 아들에게 가면서 먹을 것과 동료들과 부대에서 먹을 것을 따로 준비하여 손에 들려주시던 모습들을 떠올려 볼 수 있을 것이다.

이처럼 고운 정(情)의 본질은 상대를 가족처럼 아껴주는 마음을 기반으로 하는 것이다.[40] 이를 통해 고운 정(情)이 사랑에 견주어지며, "독특한 한국인의 사랑 개념"으로 이해되는데 더욱 유용함을 알 수 있다.[41] 한국인 서로 간에 고운 정(情)을 주고받을 때, 사랑 그 이상을 함의한다고도 볼 수 있다.

2) 미운 정(情)

미운 정(情)은 "십자가의 역설(죽음을 통해 얻게 되는 삶)"처럼 아이러니하게 미움과 사랑을 모두 포괄하고 있다.[42] 미운 정(情)은 고운 정(情)이

40   최상진, "한국인의 심정심리학: 정(情)과 한(恨)에 대한 현상학적 한 이해," 『한국심리학회 학술대회 자료집』 1993-3 (1993), 5.

41   김정두, "사랑, 사랑의 신학 그리고 한국인의 정," 275.

42   R. Bauckham, 『요한복음 새롭게 보기』, 문우일 역, (서울: 새물결플러스, 2016), 133.

충만하여 서로 간의 관계가 너무 편하고, 가까울 정도로 관계성이 무르익을 때 생기는 것이다. 오규훈은 정(情)에 관한 질적 연구를 통해 미운 정(情)이 들게 되는 과정을 설득력 있게 설명한다. 곧 정(情)은 내용상으로 감정적, 도덕적 측면 등이 있는데, 각 측면이 초기 형성-발달-성숙 단계로 나누어진다고 한다.[43] 정(情)의 감정적 측면의 초기 형성 단계는 "따뜻함 혹은 친절함"으로 이루어지고, 관계가 지속되면 발달 단계에서는 "유대감"이 형성되며 서로를 마음 가운데 깊이 받아들인다고 한다.[44] 정(情)의 감정적 측면의 성숙 단계는 "강한 유대감"과 함께 미운 정(情)도 들게 되며, 그 관계성이 끊어지기가 쉽지 않다고 한다.[45] 또한, 오규훈은 정(情)의 감정적, 도덕적 측면 등 여러 측면 가운데, 정(情)의 도덕적 측면이 가장 중요한 부분이라고 지적한다.[46] 오규훈은 다음과 같이 언급한다.[47]

> 정(情)의 도덕적 측면은 구체적으로 타인에 관한 관심, 타인중심적 태도, 헌신, 희생적 행동 등으로 나타난다. 초기 단계에서는 상대에 대한 배려나 관심으로 나타나며 관계성이 계속되면서 발달 단계에서는 의사결정이나 선택에 있어서 상대의 입장을 고려해서 행동하게 된다. 그리고 성숙 단계에서는 상대를 위한 헌신이나 희생으로 나타난다.

---

43 오규훈, "한국인의 정(情)에 대한 고찰과 목회상담학적 함축성," 『장신논단』 21 (2004), 288-90.

44 오규훈, "한국인의 정(情)에 대한 고찰과 목회상담학적 함축성," 289.

45 오규훈, "한국인의 정(情)에 대한 고찰과 목회상담학적 함축성," 289.

46 오규훈, "한국인의 정(情)에 대한 고찰과 목회상담학적 함축성," 289-90.

47 오규훈, "한국인의 정(情)에 대한 고찰과 목회상담학적 함축성," 290.

미운 정(情)이 들면 상대의 미운 점, 나쁜 점 등을 인식함에도 불구하고, 그 바탕에 "상대에 대한 연민과 애착의 감정"이 있어 상대에 대한 헌신이나 희생도 마다하지 않게 된다.[48] 곧 미운 정은 서로 간의 오랜 시간의 관계 안에서 이런 저런 일을 겪으면서 이슬비에 옷이 젖어 가듯이, 상대에 대한 부정적 모습과 상대와의 부정적 경험조차도 이해하고, 포용할 수 있는 감정을 갖게 되는 것이다.[49] 최상진은 미운 정(情)에 대해 다음과 같이 언급한다.[50]

> 기대가 크면 실망도 크듯이 정(情)이 깊으면 미움도 클 수 있는 이치인데 …
> 서운함이나 배신감, 실망이 그 자체로 관계의 파탄을 불러오는 미움과 같지
> 않고, 미운 정(情)으로 승화되는데 정(情)의 독특성이 있다. 결국, 서로에 대한
> 실망도 정(情)에서 나온 것이고 이후의 화해나 포용도 정(情)에서 나온 것인
> 데, 우리 속담에 '정에서 노염 난다'라는 말이 이 같은 맥락을 잘 설명한다.

더욱이 미운 정(情)은 서로 간의 "강한 유대감"을 중심으로 상대를 향한 역정(逆情)까지 포함한다.[51] 이렇듯 미운 정(情)은 서로 간의 관계에서 자신에게 피해를 준 사람까지 안아주고, 감싸주며 역정도 품을 수 있게 한다. 서로 간의 보다 깊은 관계는 고운 정(情)뿐 아니라 미운 정(情)까지

---

48 고미숙, "도덕적 인간상으로서 정(情) 있는 인간 탐구," 139.

49 오규훈, "한국인의 정(情)에 대한 고찰과 목회상담학적 함축성," 289.

50 최상진 외, "정의 심리적 구조, 행위 및 기능 간의 구조적 관계 분석," 210.

51 구미정, "정(情)의 신학,"『기독교 사상』50-1 (2006), 179.

들 때 형성되는 것이다.[52] 최상진도 고운 정(情)뿐 아니라 미운 정(情)까지 든 관계는 참다운 정(情)의 관계이며, "미운 정(情) 고운 정(情)이 공존하는 정(情)이야말로 진정한 정(情)의 본형"이라고 지적한다.[53] 따라서 서로 간의 미운 정(情)은 오히려 정(情)을 더욱 공고히 하는 것이라 할 수 있다.

2. 한국인의 우리성, 정(情)과 그 대상 이해

1) 한국인의 우리성, 정(情)과 그 대상

한국인 심성의 근저에 서로에 관한 관심과 배려, 아껴주는 마음인 정(情)이 있다.[54] 여기서 특히 아껴주는 마음은 "극히 한국적 표현으로 '상대에 대한 깊은 관심쏟기', '상대의 어려움을 상대의 관점에서 이해하고 도와줌', '상대의 마음 상태에 대한 공감 및 지원' 등을 포괄"하는 마음이라고 할 수 있다.[55] 한국인의 마음과 마음에서 이러한 정(情)이 들면 서로 간에 웃기도 하고 울기도 하면서 우리 관계가 형성되고 발전한다.[56] 그 반대

---

52 최상진 외, "미운 정 고운 정의 심리적 구조, 표현행위 및 기능분석," 24.

53 최상진 외, "미운 정 고운 정의 심리적 구조, 표현행위 및 기능분석," 27.

54 H. D. Lee, "Jeong(정), Civility, and the Heart of a Pluralistic Democracy in Korea," *Emotions in Korean Philosophy and Religion*, ed. by Edward Y. J. Chung and J. S. Oh (Gewerbestrasse: Palgrave macmillan, 2022), 236; 김정두, "사랑, 사랑의 신학 그리고 한국인의 정," 300.

55 최상진, "한국인의 심정심리(心情心理): 한국인의 마음을 이해하기 위한 핵심개념," 『성곡논총』 31-1 (2000), 481.

56 김기범 · 최상진, "정(情) 마음 이야기(Narrative) 분석," 『한국심리학회지: 사회 및 성격』 16/2

로 한국인의 우리 관계에서 웃기도 하고 울기도 하면서 마음과 마음을 이해하는 정(情)이 형성되고 발전하기도 한다. 즉 우리 관계 안에서 서로 간에 영향을 주고받으며 발전하게 되는 것이 정(情)이다.[57] 여기서 우리 개념은 "서양의 사회심리학에서 말하는 내(內)집단 개념과 달리, 개인이 우리라는 집단 속에서 자타 간의 경계성이 약화되는 탈(脫) 자기적 우리성"을 말한다.[58] 이러한 우리성은 "단일체적 우리(Collective we-ness)로 특징"지어지며 이는 관계성 가운데 기대되는 감정, 행동 양식까지 함축하여 서로 간에 나와 네가 아닌 서로 하나가 되고 한 몸이 되는 것이다.[59]

한국인의 우리성은 정(情)의 마음을 전제하기에 한국인의 내면뿐 아니라 사회관계에 영향을 미친다.[60] 다시 말해 한국인에게 우리성, 정(情)은 밀접하게 연결되어 내면뿐 아니라 사회관계에서 서로의 성격을 규정한다.[61] 이렇듯 한국인의 우리성, 정(情)은 한국적 정체성을 반영해 주는

(2002), 32. 이는 한편으로 정(情)의 부재는 관계의 부재이기도 한 것이다. Wonhee Anne Joh, " '정'(情)의 여성신학: 재미한국인의 관점에서," 『한국여성신학』 57 (2004), 83.

57 김정두, "사랑, 사랑의 신학 그리고 한국인의 정," 295.

58 양정은, "한국적 집단주의(우리성, we-ness)가 대인 커뮤니케이션에 미치는 영향에 대한 연구," 『한국콘텐츠학회논문지』 19/5 (2019), 1; 최상진 · 최인재, "한국인의 심리적 특성이 문제대응방식, 스트레스, 생활만족도에 미치는 영향분석: 정(情), 우리성을 중심으로," 『한국심리학회 학술대회 자료집』 1 (2000), 174.

59 최상진 · 최인재, "한국인의 문화 심리적 특성이 문제대응방식, 스트레스, 생활만족도에 미치는 영향분석: 정(情), 우리성을 중심으로," 『한국심리학회지: 상담 및 심리치료』 14/1 (2002), 56.

60 이규태, 『한국인의 정서 구조 2: 인정 · 흥 · 신바람』, 63-78.

61 I. J. Park, "Korean Social Emotions: Han(한 恨), Heung(흥 興), and Jeong(정 情)," *Emotions in Korean Philosophy and Religion*, ed. by Edward Y. J. Chung and J. S. Oh (Gewerbestrasse: Palgrave macmillan, 2022), 261; 최상진 · 이장주, "정의 심리적 구조와 사회-문화적 기능분석," 『한국심리학회지: 사회 및 성격』 13/1 (1999), 223.

것으로 독특한 관계성을 내포하고 있다.[62] 한국인 서로 간의 관계에서 정(情)이 들지 않으면 우리성의 영역에서 벗어나게 된다. 우리성, 정(情)은 한국인의 가족 관계에서 시작되었다고 할 수 있다.[63] 정(情)을 주고받는 우리 관계는 "혈연을 중심으로 하는 동질성, 상호의존성, 상호수용성" 등의 가족 관계의 특성을 가진다.[64] 따라서 가족 관계가 우리성, 정(情)의 원형으로 작용했음을 인지할 수 있고, 우리 관계에서의 정(情)은 서로 간에 편안하고 든든하며 사회적 격식 같은 것을 고려하지 않아도 된다.[65] 여러 연구 결과들이 말해주듯, 한국인들은 관계 지향적이고 집단주의적 성향이 강하기에 이러한 가족 관계적인 마음과 특성이 서로 간의 또 다른 관계 맺음으로 연결되는 것이다.[66] 이는 또한 한국인이 다른 사람에게 관심을 두고 도와주는 정(情) 있는 모습과 다른 사람을 이해하며 동정하는 "인정(人情) 많은 사람"을 이상적으로 생각하는 이유로 연결되기도 한다.[67] 이렇듯 서로 간의 관계 속에 가족 관계처럼 하나, 한 몸이라는 인식을 하게 하는 우리성, 정(情)은 실천으로 나타나기에 내면적이면서 행동적이다.

　　나아가 이러한 우리성, 정(情)이 드는 대상은 사람도 될 수 있고 고향

62　김정두, "사랑, 사랑의 신학 그리고 한국인의 정," 295.

63　김기범, "정(情) 마음의 일반인 심리학 모형: 이야기와 구조방정식 모델링을 통한 분석" (심리학박사 학위논문: 중앙대 대학원, 2001), 29.

64　Park, "Korean Social Emotions: Han(한 恨), Heung(흥 興), and Jeong(정 情)," 261; 정계숙 외, "정(情)과 우리 의식에 기반한 따뜻한 교육공동체의 구현방안에 대한 연구,"『학습자 중심 교과교육연구』18/14 (2018), 861.

65　김기범 · 최상진, "정(情) 마음 이야기(Narrative) 분석," 32.

66　김기범 · 최상진, "정(情) 마음 이야기(Narrative) 분석," 32.

67　최명민, "한국인의 정(情)을 고려한 정신보건사회복지 실천방법 모색," 360.

산천, 고향 집과 같은 장소(공간)도 될 수 있다.[68] 즉 한국인의 우리성, 정(情)의 대상이 사람과 사람, 사람과 장소, 심지어 사람과 동·식물, 사람과 시간도 될 수 있다. 특히 누구든지 자신이 태어나고 자란, 자신이 가까이 했던 장소에 관한 관심과 사랑, 애착은 떼려야 뗄 수 없다. 굳이 고향이 아니어도 사람은 자신과 관련된 장소에 관한 관심과 사랑, 애착 등을 갖고 있고 그러한 것들 때문에 깊은 정(情)의 관계에서 때로는 안타까워하며, 애통해하는 눈물을 흘리기도 하는 것이다. 예를 들면 자신이 다녔던 학교, 교회, 직장 등에 대한 깊고 내밀한 정서가 그것이다. 자신의 학교, 교회, 직장 등에 대한 깊고 내밀한 정서를 통해 그 대상 하나하나의 발전에 일익을 담당하기도 하고, 이를 위해 노력하게 되는 것이 좋은 예가 된다. 그러한 깊고 내밀한 정서를 통해 한국인 대다수는 그 대상과 하나 된 우리성 안에서 더욱 성숙하기도 하고 발전하기도 하며 도약하게 되는 것이다.

2) 한국인의 우리성, 정(情)과 눈물[69]

인간은 눈물을 흘린다. 인간의 눈물은 인간이 육체적, 정신적으로 성장하면서 다양한 상황 가운데 기쁨과 슬픔 등을 함의하여 여러 방식으로 나타난다. 눈물의 사전적 의미는 "눈알 바깥면의 위에 있는 눈물샘에서 나오는 분비물"로 "늘 조금씩 나와서 눈을 축이거나 이물질을 씻어내는데

---

68 이규태, 『한국인의 의식구조 4』, 15.

69 이 부분은 안경순, "요한복음의 나사로 이야기: 예수의 '정'(情)과 눈물을 중심으로," 『신약논단』 26/1 (2019), 155-56에 게재된 내용을 보완한 것이다.

자극이나 감동을 받으면 더 많이 나온다."[70] 눈물은 그 자체로써 목적이 있다고 볼 수 없지만, 특히 서로 간의 우리 관계에서 서로에게 진정성을 나타낸다. 그래서 눈물은 서로의 감정을 전달하는 소통의 도구가 되기도 한다. 서로 간의 우리 관계에서 한 사람의 눈물은 말보다 더욱 호소력이 있을 수 있다. 때로는 말없이 흘리는 눈물이 또 하나의 의미를 담아 보다 강력한 메시지를 전달하는 것이다.

한국인들에게 눈물은 서로 간의 우리 관계에서 정(情)과 어우러져 더욱 구체화되기도 한다. 한국인들 서로 간의 친밀한 관계에서 정(情)과 눈물은 서로 비례하게 될 수 있기 때문이다. 정(情)이 많은 한국인은 자신의 고통과 슬픔만이 아니라, 상대가 느끼는 고통과 슬픔을 외면하지 않는다. 그 고통과 슬픔을 마치 자신의 것처럼 생각하고, 함께 아파하며 힘들어하기도 한다. 고통과 슬픔 속에서 눈물을 흘리는 상대의 얼굴을 보고, 진심으로 슬퍼하며 함께 눈물을 흘려주는 것을 통해 한 사람이 한 사람 혹은 한 대상을 얼마나 아끼고 사랑했는지 가늠하는 것이 가능하다. 이와 반대의 상황이라 할 수 있는 기쁨의 상황에서도 역시 마찬가지다. 정(情)이 많은 한국인은 상대의 기쁨에 함께 공감하고 기뻐하며, 온전히 상대를 위한 기쁨의 눈물을 흘려주기도 한다. 우리성, 정(情)에 기반을 둔 진심 어린 눈물은 혈육지간(血肉之間) 같은 깊은 관계를 생각나게 하는 것이다.

---

70   국립국어연구원 편, 『표준국어대사전 상권』(서울: 동아출판사, 2000), 1292.

III.
한국인의 우리성, 정(情)의 관점으로
누가복음 19:41-48 읽기

1. 누가복음의 예수와 예루살렘, 성전의 관계 맺음 이해

누가복음 전체 24장에서 예루살렘, 성전은 신학적이고 서사적 장소라 할 수 있으며 그만큼 누가복음에서 예루살렘, 성전의 비중은 다른 복음서보다 크다.[71] 누가복음의 예수와 예루살렘, 성전을 더 깊이 이해하기 위

71　P. H. Rice, *Behold, Your House is Left to You: The Theological and Narrative Place of the Jerusalem Temple in Luke's Gospel* (Oregon: Pickwick, 2016), 152-56.

해 잠시 거슬러 올라가면 이스라엘의 예루살렘은 고대 근동 가나안의 희생제의가 행해지던 장소이다. 이 땅은 창세기의 아브라함이 사랑하는 독자 이삭을 하나님께 바치려 했던 모리아산 전승 속에 있다(대하 3:1).[72] 즉 역사 속에서 예루살렘 자체가 하나님의 독생자인 예수의 희생을 암시하고 있다.[73] 이스라엘 사람들이 가나안에 들어가 정착한 이후, 예루살렘은 이스라엘 소유가 되었다(수 15:63; 18:28). 이 땅은 하나님께서 자신의 이름을 두려고 선택한 장소인 것이다(대하 6:5-6, 7:16; 스 6:12). 이 땅인 예루살렘이 다윗에 의해 세워지게 된다(삼하 5:6-9; 참조 시 132:13). 헤브론에서 유다를 다스렸던 다윗이 가나안 원주민인 여부스 족속(수 15:63)을 물리치고 예루살렘을 점령한다. 그리고 시온(Zion) 산성을 빼앗고 거기에 살면서 하나님의 법궤를 이 성으로 옮겨온다(삼하 6:1-23). 그래서 이 성을 다윗성(City of David)이라 부른다. 이렇듯 다윗성이 자리한 예루살렘은 이스라엘 역사에서 삼천 년 이상의 오랜 신앙의 역사가 있다.

하나님 임재의 상징인 성막에 이어, 다윗과 그의 아들 솔로몬에 의해 예루살렘에 성전이 세워진다(B.C. 968-961, 대하 3-6장 참조). 하나님의 왕적 통치를 상징하는 예루살렘 성전은 남유다가 멸망할 때에 무너지게 된다(B.C. 586).[74] 그러나 바벨론 포로기를 거치며 예루살렘 성전은 스룹바벨과 예수아를 통해 재건된다(B.C. 516, 스 3-5장 참조). 이후 예루

---

72 James Carroll, 『예루살렘 광기』, 박경선 역 (서울: 동녘, 2014), 71.

73 신성윤, "유대교 기독교 이슬람교 경전에 나타나는 예루살렘과 그 의미에 관한 소고," 『한국중동학회논총』 40/1 (2019), 112.

74 H. Irsigler, "Der Königsgott erscheint: Zur Syntax und Semantik von Psalm 29," *Im Memoriam Wolfgang Richter*, ed. by H. Rechenmacher (ATSAT 100; St. Ottilien: EOS, 2016), 183-84.

살렘 성전은 시리아의 안티오쿠스 IV세(Antiochus IV)에 의해 제우스 (Zeus) 신의 제단이 세워지는 일도 겪고(B.C. 167, 단 8:11-14; 9:27; 11:13 참조), 유다의 마카비(Maccabee)에 의해 되찾아져 깨끗하게 되기도 한다(B.C. 165). 이러한 역사를 거쳐 유대의 헤롯 대왕(Herod the Great)에 의해 예루살렘 성전이 넓혀진다(B.C. 20-A.D. 64).[75] 헤롯 성전은 육백 평방미터 정도 되는 복합 건물로 당시 예루살렘 전체 면적의 25%를 차지할 정도였다.[76] 즉 예루살렘은 성전을 소유한 도시라기보다는 작은 도시를 거느린 성전이었다.[77] 예루살렘 성전은 율법에 따른 속죄의 제의가 행해진 장소였다(출 25:1-31:11; 레 27:34). 더욱이 예루살렘 성전은 제의의 중심지일 뿐 아니라 "가르침과 배움, 기도와 예배 모임의 장소"이기도 했다.[78]

특별히 누가복음에서 예수와 예루살렘, 성전의 관련성은 매우 긴밀하게 나타난다고 할 수 있다.[79] 누가복음은 예루살렘과 성전을 구분하지 않고 상호교환적으로 사용하는 것이다(눅 2:43, 46; 19:44-45; 21:5-6, 20).[80] 또한, 누가복음에서 천사가 예수의 선구자 세례(침례) 요한의 탄생

75   J. A. Fitzmyer, *The Gospel according to Luke 10-24* (New Haven: Yale University Press, 2008), 1330.

76   N. T. Wright, 『신약성서와 하나님의 백성』, 박문재 역 (서울: 크리스챤다이제스트, 2003), 375.

77   Wright, 『신약성서와 하나님의 백성』, 375.

78   E. W. Stegemann, and W. Stegemann, 『초기 그리스도교의 사회사』, 손성현 · 김판임 역 (서울: 동연, 2008), 233.

79   P. W. L. Walker, *Jesus and the Holy City: New Testament Perspectives on Jerusalem* (Grand Rapids: Eerdmans, 1996), 63-64.

80   반재광, "누가-행전의 여행 내러티브 연구: 눅 9:51-19:44와 행 19:21-28:31을 중심으로," 『성경과 신학』 66 (2013), 131.

을 알리기 위해 사가랴에게 나타났을 때, 사가랴가 "제사장의 직무"를 행하고 있었던 곳이 바로 예루살렘 성전이었다(눅 1:8-23). 이어지는 누가복음 2장에서는 예수가 어린 시절에 예루살렘을 두 번이나 방문한 것을 전한다(눅 2:22, 41). 예수는 지상의 부모인 요셉과 마리아와 함께 태어난 지 40일 만에 예루살렘 성전에 갔다(눅 2:21-24). 이것이 예수의 예루살렘 성전에 대한 첫 번째 방문이다(눅 2:23). 이후에 예수의 예루살렘 성전 방문이 계속되는데, 누가는 예수가 12살 때 유월절의 관례를 따라 요셉과 마리아와 함께 예루살렘 성전을 방문했던 것에 대해서도 자세히 기록한다(눅 2:41-49).

12살 때 예수는 이미 예루살렘 성전에서 당대의 석학들인 율법 교사들과 둘러앉아 듣기도 하며 묻기도 하는 등 그들과 토론할 정도로 율법에 대한 지적인 통찰($\sigma\acute{\upsilon}\nu\epsilon\sigma\iota\varsigma$)이 충만했다(눅 2:46-47).[81] 이러한 예수의 모습에 요셉과 마리아가 놀라기까지 하는 것이다(눅 2:48). 예수는 예루살렘 성전에서 자신을 찾았던 마리아에게 "내가 내 아버지 집에 있어야 될 줄을 알지 못하셨나이까"라고 말하며, 자신이 하나님 아버지 집에 거하여야 함을 직접 언급하기까지 한다(눅 2:49).[82] 예수가 하나님을 아버지라고 직접 지칭하기 전에는 이스라엘 민족과 '하나님과의 관계'로서 하나님 아버지가 언급되었는데 예수는 한 개인으로서 하나님을 아버지라고 부르는 것이다(눅 10:21-22 참조).[83] 이를 통해 예수는 무엇보다 우선적이고 친

---

81 이후에 예수의 예루살렘 성전 방문은 마태복음 4:5-7을 통해 알 수 있듯, 마귀가 예수를 시험하려고 데려갔을 때이다(눅 4:1-13; 참조 마 4:5-7; 막 1:12-13).

82 특히 여기서 "내 아버지 집에"($\epsilon\nu$ $\tau o\hat{\iota}\varsigma$ $\tau o\hat{\upsilon}$ $\pi\alpha\tau\rho\acute{o}\varsigma$ $\mu o\upsilon$)는 헬라어로 "나의 아버지의 사람들 가운데"로서 문맥상 "율법 교사들 가운데"를 지칭하는 것이다.

83 이는 예수 자신의 정체성이기도 하다.

밀한 '하나님과의 관계'와 하나님의 뜻을 가르치고 전해야 하는 '하나님의 일'에 대한 구속사적 소명을 하고 있다고 할 수 있다.[84]

이후에 누가는 예수의 갈릴리 사역 이후 9장부터 예수가 제자들과 관계를 공고히 하며 하나님의 뜻을 성취하기 위해 예루살렘으로 가는 여정, 그리고 20장 이후부터는 예루살렘에서 일어난 일에 대해 기록한다. 이러한 과정을 통해 누가복음의 예수는 유대인뿐 아니라 이방인까지 포함하면서(눅 2:31f) 예루살렘에서 "사로잡힌 자"들과 "짓밟힌 자"들을 위하여(눅 21:24) 하나님의 사랑을 나타내며 구원의 희망을 전하는 것이다.[85] 이는 동시에 누가가 예수와 예수의 사역에 초점을 맞추어 자신의 공동체에 예수와 '너'와 '나'가 아닌 '우리'의 세계를 구성하는 믿음의 관계성을 통해 예수처럼 행동하며, 예수를 따르는 삶을 살도록 설득하는 것이기도 하다.[86] 누가복음에서 예수를 따른다는 것은 배척과 고난 가운데서도 예수와 우리로서 깊은 관계를 맺고, 예수처럼 타인을 섬기면서 믿음과 섬김의 자라감을 궁극적으로 요구하기 때문이다(눅 2:52; 19:10; 행 28:31).[87]

더욱이 누가는 십자가를 지기 위해 끌려가는 예수를 여자의 큰 무리가 따를 때, 예수가 그들에게 "예루살렘의 딸들아 나를 위하여 울지 말고 너희와 너희 자녀를 위하여 울라"라고 말한 것을 기록한다(눅 23:28). 이

---

84   정연해, "예수님과 성전-누가복음을 중심으로," 578-79.

85   F. S. Spencer, 『누가복음 사도행전』, 소기천 역 (서울: 대한기독교서회, 2018), 299.

86   누가공동체의 구성원들 가운데에는 유대인이면서 크리스천으로 개종한 유대인이 있었다. P. F. Esler, *Community and Gospel in Luke-Acts: The Social and Political Motivations of Lukan Theology* (Cambridge: Cambridge University Press, 1987), 31.

87   R. N. Longenecker, 『신약성경에 나타난 제자도의 유형』, 박규태 역 (서울: 국제제자훈련원, 2008), 146-48.

를 통해 예수가 앞으로 고통스러운 운명을 맞게 될 예루살렘 백성을 위로했던 것에 대해 전할 뿐만 아니라, 구약의 메시아 예언 부분(슥 9:9)을 인용하여 하나님의 약속과 계획안에서 예언 성취의 중심지로서의 예루살렘을 부각하였다고 할 수 있다.[88] 예수는 "예루살렘의 속량을 바라는 모든 사람"을 위하여 이 땅에 오셨기 때문이다(눅 2:38; 참조 마 23:37). 예수는 예루살렘 성전을 '내 아버지의 집'(눅 2:49; 참조 요 2:16), '하나님의 집'(눅 6:4; 참조 마 12:4; 막 2:26), '기도의 집'(눅 19:46; 참조 마 21:13; 막 11:17)이라고 부른다. 예수는 친히 자신과 하나님과의 관계를 반영하여 '하나님과의 관계'를 공고히 하면서 하나님을 경험하며 자라가는 장소로 예루살렘 성전을 지칭하는 것이다.[89] 이렇듯 예루살렘 성전은 예수의 활동 당시인 예수 시대에 와서 예수와의 관계를 통해 새로운 자리매김을 한다.[90] 예루살렘 성전은 하나님의 영이 거하며, 기도의 전통과 숨결이 깃든 장소로서 하나님을 경험하며 자라가는 예수 자신의 집이라고 할 수 있기 때문이다.[91]

---

88 신성윤, "예루살렘과 그 의미에 관한 소고," 114. 한편 누가에게 있어서 예루살렘 성전은 "율법의 성취가 모범적으로 이뤄지는 장소"이기도 하다(눅 2:22 이하). 김충연, "누가복음의 율법 이해: 정류(靜流) 이상근의 누가복음 주해를 중심으로," 『장신논단』 51/5 (2019), 101.

89 J. B. Green, 『누가복음 신학』, 왕인성 역 (서울: CLC, 2020), 113.

90 구약 에스겔서의 이상적이고 종말론적 성격을 가진 '하늘 성소'에 대한 개념 발달을 통해 오래 전부터 유대교 내부에서도 이미 물리적인 성전으로부터 신학적인 중심이 이동할 조짐을 보이고 있었다고 볼 수 있다. 박성숙, "예루살렘 성전 재건 기록들 속에 나타난 '성전'의 이해," 『구약논집』 14 (2019), 125; T. Eskola, 『신약성서의 내러티브 신학』, 박찬웅 외 역 (서울: 새물결플러스, 2021), 151. 또한 신구약 중간기 문헌(이디오피아 에녹서 85-90장; 93:1-10; 91:12-17; 희년서 23:21)에도 새 예루살렘 성전을 기대하는 사상이 집중적으로 나타난다. 임진수, "예수와 예루살렘 성전과의 갈등: 전승사 연구," 37-40.

91 G. Theissen, 『복음서의 교회정치학』, 류호성·김학철 역 (서울: 대한기독교서회, 2012), 161.

2. 예루살렘에 대한 예수의 눈물과 마음 씀(눅 19:41-44)

  예수가 십자가에서 돌아가시기 일주일 전 예루살렘에 들어간 후(눅 19:28) 제자들 온 무리는 겉옷을 길 위에, 또한 나귀 새끼 위에 펴서 예수를 환영하였다(눅 19:35-36). 그리고 "찬송하리로다, 주의 이름으로 오시는 왕이여"라고 외치면서 기뻐하며 큰 소리로 예수를 찬양하였다(눅 19:37-38a; 참조 2:14). 누가복음 2:14에서 천사들은 지상에서의 평화를 선포하는데, 이 부분에서 제자들 온 무리는 "하늘에는 평화요 가장 높은 곳에는 영광이로다"(눅 19:38b)라고 하면서 하늘의 평화를 선포한다. 이는 누가가 예수의 활동 당시를 지나 이미 일어난 지상에서의 예루살렘 공방전(A.D. 70)을 반영하였다고 볼 수 있다.[92] 예수의 활동 당시에 예수의 제자들 온 무리는 예수가 이스라엘의 구세주(눅 2:11; 3:4-6)로서 정치적, 군사적 메시아가 되어 이스라엘에 새로운 나라를 건설할 것이라고 기대하고 있었다(눅 1:32-33). 또한, 제자들은 그 나라가 당장에 나타날 줄로 생각하고 있었다(눅 19:11). 그러나 제자들의 이러한 기대와는 전혀 다르게 예수의 예루살렘 입성은 전개되는 것이다. 십자가 사건에 대한 복선을 깔고서 말이다.[93] 한편 무리 가운데 "어떤 바리새인들"이 예수에게 제자들이 새로운 왕을 숭배한다고 그들을 책망하기를 요구했을 때 예수는 오히려 바리새인들을 꾸짖는다(눅 19:39-40). 바리새인들의 예수의 제자들에 대한 이와 같은 책망 요구는 평화의 왕으로 이 땅에 오신 예수

---

92   Theissen, 『복음서의 교회정치학』, 134-35.

93   R. H. Stein, *Luke* (NAC; Nashville: Broadman, 1992), 476.

자신과 예수의 메시지에 대한 거절이다.[94]

이어지는 누가복음 19:41에서 예수는 예루살렘 성(πόλις, 성읍)이 보이는 곳에서 자신을 찬양하는 제자들 온 무리의 지지와 기대와는 다르게 예루살렘 성을 보고 우신다.[95] 이 부분은 다른 복음서에는 나오지 않는 누가복음만의 독특한 묘사 부분으로 인간 존재로서 심연을 보여주는 예수의 심정심리(心情心理)를 표현하고 있다고 할 수 있다. 여기서 '울다'라고 하는 헬라어 '클라이오'(κλαίω)는 애통함을 참지 못하고 소리 내어 우는 것을 말한다. 특히 누가복음 전체를 통해 예수는 하나님과 이웃을 사랑하는 것이 하나이듯(눅 10:27; 참조 신 6:5; 레 19:18) 유대 안에서 소외되었던 가난한 자, 죄인, 과부와 고아, 이방인에게 다른 복음서보다 많은 관심을 할애한다. 이에 대해 타이센(Gerd Theissen)은 누가의 예수가 그러한 자들을 위하여 "헌신하는 인간애"를 가지고 있다고 표현하기도 한다.[96] 예수는 아무런 희망없이 살아가는 그들에게 자비로운 모습을 보이며 그들과 교제를 시작하였고, 그들과 결속하기 위한 기초를 마련하였다(눅 19:10).[97] 예수는 내면의 중심에서 그러한 자들을 이해하며 동정하는 인정(人情) 많은 모습을 보여주는 것이다. 이는 누가복음에서 예수의 모습을 한국인의 정(情)의 마음 씀(마음 써주기)과 연결하여 볼 수 있는 여지를

---

94   (눅 2:34; 4:28-29; 13:34; 19:14, 44; 20:13-16; 23:1-2, 18-19, 23; 24:20).

95   예수는 나사로의 무덤 앞에서도 눈물을 흘리셨고(요 11:35), 겟세마네 동산에서도 눈물을 흘리셨다(히 5:7).

96   Theissen, 『복음서의 교회정치학』, 123. 타이센(G. Theissen)은 또한 누가가 "기독교적 에토스에 깊은 영향"을 주었다고 주장하기도 한다.

97   D. R. Davis, *Luke 14-24: On the Road to Jerusalem* (Ross-Shire: Christian Focus, 2021), 109-114.

제공해 주는 것이기도 하다.

　예수는 하나님과의 관계를 기반으로 혈통적인 가족의 의미를 뛰어넘어, 가족의 의미를 재정의하기까지 한다(눅 8:21; 11:27-28 참조). 예수처럼 하나님의 말씀을 듣고 행할 때 하나님과 가족 관계가 형성되고 하나님과 마음을 나누는 보다 큰 의미의 가족이 되는 것이다. 곧 누가는 하나님의 가족을 염두에 두고, 예수처럼 하나님의 말씀을 듣고 행할 누가공동체에 가치를 부여하고 있다고 할 수 있다.[98] 더욱이 예수처럼 하나님의 말씀을 듣고 행하는 하나님의 가족 관계적인 마음과 특성이 누가공동체 안과 밖의 또 다른 관계맺음으로 이어져야 한다.[99] 또한, 예수는 하나님의 가족으로서 진정한 종의 역할(눅 9:48; 17:7-10)을 감당하도록 부름을 받은 누가공동체 개개인이 자신을 희생해서라도 사랑과 자비의 행동을 할 것을 강조한다. 이에 대해 누가복음 10장의 선한 사마리아인의 비유를 통해 분명히 하고 있다(눅 10:25-37).[100] 이어지는 11장에서도 예수는 떡 세 덩이를 꾸기 위해 한밤중에 찾아온 친구의 비유를 통해 하나님과의 관계에 방점을 두며, 자신과 관계 맺은 사람들을 향한 하나님의 아끼고 보살피는 마음 씀에 대해 보여준다(눅 11:5-8).[101] 예수는 하나님의 마음과 상통하는 마음 씀으로 사역하는 동안 사회적으로 가난한 자, 죄인 그리고

98　Theissen, 『복음서의 교회정치학』, 162.

99　누가복음은 "'제자'의 범주를 열둘에 국한"하지 않는다(눅 6:17; 19:37; 24:9, 13). R. N. Longenecker, 『신약성경에 나타난 제자도의 유형』, 117.

100　선한 사마리아인의 "불쌍히 여기는 마음"은 곧바로 거의 죽어가는 사람을 "살리는 행위"로 이어진다. 이는 "하나님의 마음과 상통하는 예수의 마음"이기도 한 것이다. 김판임, "선한 사마리아인의 비유(눅 10:30-35) 연구," 『신약논단』 14/4 (2007), 1036.

101　Spencer, 『누가복음 사도행전』, 242.

비천한 자를 특별히 아끼고 그들을 이해하며 동정하는 인정(人情) 많은 모습을 보여주었다. 예수는 자신이 체포되어서도, 십자가에 달려서도 그러한 사람을 돕고 용서하기를 그치지 않는다(눅 22:51; 23:39-43). 심지어 예수는 당시 인식이 좋지 않던 세리와 제국주의자인 백부장에게까지 하나님과의 관계를 회복시키기 위해 관심과 배려의 마음 씀을 마다하지 않는 것이다(눅 7:1-10; 19:1-10).

예루살렘 성을 보고서도 그러한 성정(性情) 안에 있음을 보여주듯, 예수는 하나님 백성에 대한 사랑의 마음과 그들의 반복되는 죄에 대한 안타까움을 애통함의 눈물을 통해 드러내고 있다고 할 수 있다.[102] 여기에는 또한 예수 자신이 고난받는 메시아로 이 땅에 온 것처럼(사 53:5 참조), 앞으로 비극적으로 펼쳐지게 될 예루살렘의 앞날에 대한 고뇌와 슬픔이 담겨있는 것이다. 이미 언급했듯이 예수와 예루살렘과의 관계는 오랜 구약 시대부터 준비되어 구체화되었다고 할 수 있다. 그러한 깊은 관계를 반영하듯, 누가는 이 부분에서 예수가 예루살렘, 하나님 백성을 아끼고 사랑하는 한 인간으로서 한없이 무너져 내리는 것을 묘사한다. 예수는 이 부분에서 초인간적인 신인(神人)으로서가 아니라 '우리'와 같은 성정을 지닌 인간으로서 "이방인의 때가 차기까지 황폐해질 예루살렘의 미래, 예루살렘과 같이 멸망하게 될 하나님 백성의 참혹한 미래"를 절감하며 그로 인해 우셨다고 유추할 수 있다.[103] 앞으로 예루살렘 성전은 파괴되고, 그곳의

---

102 성서에서도 눈물은 빈번하게 등장한다. 성서에서 눈물은 괴로움과 비통함(렘 14:17), 회개 (시 6:6; 눅 22:61-62), 사랑(고후 2:4), 희망(시 126:5-6; 계 7:17) 등 다양한 의미를 함의하고 있다.

103 안경순, "요한복음의 나사로 이야기: 예수의 '정'(情)과 눈물을 중심으로," 158-59.

백성들은 성전 파괴에 수반되는 정체성의 위기, 전쟁과 기근 등으로 인한 각종 정신적, 물질적 어려움과 피 흘림 등 여러 힘든 것들과 마주하게 될 것이기 때문이다(눅 21:20-24 참조). 이렇듯 예수는 당시 함께한 제자들 온 무리의 현실적인 바램과 기대, 그러한 기대와는 전혀 다르게 펼쳐지게 될 일들까지 생각하고 있다고 할 수 있다.

이어서 예수는 예루살렘을 의인화하여 "너도 오늘 평화에 관한 일을 알았더라면 좋을 뻔하였거니와 지금 네 눈에 숨겨졌도다"라고 말한다(눅 19:42). 예수는 예루살렘에 대하여 "너"라는 표현을 사용하는데, 여기서 예루살렘이라는 장소는 "장소에 있는 사람"을 대신한다. 즉 이 부분은 예루살렘에 대한 환유적 표현으로 예루살렘은 그곳의 백성을 대신하는 것이다(마 8:34; 21:10; 막 1:33 참조). 누가복음과 긴밀한 관계인 사도행전 16:31에서 "주 예수를 믿으라, 그리하면 너와 네 집이 구원을 받으리라"(행 16:31)에서의 "집"도 집안에 사는 사람을 대신하는 환유이다.[104] "너" 다음에 이어지는 "평화에 관한 일"은 예수가 예루살렘에서 십자가에 못 박혀 죽으시고 예루살렘 백성, 나아가 온 백성을 구원하여 그들을 하나님과 다시 화평케 하는 일을 의미한다. 예수는 예루살렘 백성이 그들의 눈에 숨겨지지 않고 알았더라면 좋았을, 즉 깨달았으면 좋았을 예루살렘의 이름의 바로 그 평화를 찾아야 함을 말하는 것이다. 진정한 평화는 예수 자신으로부터 오기에 예루살렘 백성은 완악함을 버리고 회개하며 예수를 찾아야 한다.[105] 다시 말해 이 부분은 누가가 누가복음 초반부부터 전

---

104 박윤만, "믿음의 은유와 환유: 누가복음과 사도행전을 중심으로,"『신약연구』18/1 (2019), 21.

105 누가는 특히 아브라함의 자손이 되기 위해 회개를 통한 죄로부터의 구원이 누구에게나 필요함을 강조한다(눅 19:1-9). C. K. Rowe, *Early Narrative Christology: The Lord in the Gospel*

하고 있는 평화의 주제를 상기시키며(눅 2:14; 19:38), 당시 로마 제국의 다스림 아래에서 실현되지 않았던 진정한 평화가 예수를 통해서 실현됨을 강조하는 것이기도 하다(눅 1:78-79). 이를 통해 누가는 예루살렘 백성의 완악함과 고난받는 메시아로서의 예수, 예루살렘 성전과 하나님과 다시 화평케 하는 예수와의 밀접한 관계성을 인식시키며, 자신의 공동체와 예수와의 관계성 또한 끌어내고 있다고 할 수 있다.

계속해서 예수는 "날이 이를지라 네 원수들이 토둔을 쌓고 너를 둘러 사면으로 가두고 또 너와 및 그 가운데 있는 네 자식들을 땅에 메어치며 돌 하나도 돌 위에 남기지 아니하리니 이는 네가 보살핌 받는 날을 알지 못함으로 인함이니라"라고 말한다(눅 19:43-44; 참조 21:6). 여기서 "날"(눅 5:35; 17:22; 21:6; 23:29)은 하나님 심판의 때를 말한다고 할 수 있다.[106] 즉 예수는 자신을 받아들이지 않는 예루살렘 백성에게 "날"이 이르게 되면 예루살렘이 함락될 것과 그 함락될 방법까지 구체적으로 예언하는 것이다. 이러한 예수의 말을 통해 유추할 수 있듯, 예루살렘은 "네가 보살핌 받는 날"(권고 받는 날)이 상징하는 예수를 통한 하나님의 방문과 구원을 알지 못하여 멸망 당하는 심판을 받게 된다.[107] 다시 말해 예수를 통한 하나님의 방문은 구원을 가져오고(출 3:16; 룻 1:6; 삼상 1:19-21 참조) 예루살렘의 소망과 기대를 완성하지만(눅 1:54-55, 67-68), 예루살렘 백성은 눈이 가려져 보지 못하고 깨닫지 못하는 것이다. 예루살렘

---

of Luke (Berlin: Walter de Gruyter, 2006), 87; T. K. Seim, *The Double Message: Patterns of Gender in Luke-Acts* (London: T&T Clark International, 2004), 53-54.

106   J. R. Edwards, 『누가복음』, 강대훈 역 (서울: 부흥과 개혁사, 2019), 780.

107   C. A. Evans, *Luke* (NIBC: Peabody: Hendrickson, 1990), 290-91.

백성은 예수를 믿지 않고 배척하는 등 예수와 큰 벽을 쌓고 예수와의 관계를 올바르게 정립하지 못하며, 그 안에서 자라가지도 못해 결국 하나님의 심판을 받게 된다.[108]

이미 예수는 누가복음 13:34-35에서 "예루살렘아, 예루살렘아 선지자들을 죽이고 네게 파송된 자들을 돌로 치는 자여 암탉이 제 새끼를 날개 아래에 모음같이 내가 너희의 자녀를 모으려 한 일이 몇 번이냐 그러나 너희가 원하지 아니하였도다, 보라 너희 집이 황폐하여 버린 바 되리라 내가 너희에게 이르노니 너희가 주의 이름으로 오시는 이를 찬송하리로다 할 때까지는 나를 보지 못하리라"라고 예언했다. 이는 누가가 B.C. 586년에 예루살렘이 멸망하고 성전이 파괴된 것처럼, 예루살렘이 심판받게 될 것에 대한 책임이 예루살렘으로 대표되는 예루살렘 백성, 나아가 이스라엘에 있음을 분명히 하는 것이다.[109] 누가복음 21:24에서도 예수는 예루살렘 백성이 죽게 되고 이방 나라에 사로잡히어 짓밟히게 되는 때가 오게 될 것을 다시 한번 예언한다.

이렇듯 누가복음 19:43-44을 포함하여 반복되는 예루살렘 심판에 대한 예수의 예언은 역사 속에서 하나하나 세밀하게 성취되었다. 예루살렘 성전은 A.D. 70년에 유대-로마 전쟁에 기인하여 신앙의 중심 공간의 역할을 상실하게 되는 것이다(눅 13:34-35; 21:24). 돌 하나도 돌 위에 남지 않고 완전히 초토화된다.[110] 따라서 이 모든 것이 당시 누가공동체 개

108 신현우, 『누가복음 어떻게 읽을 것인가』, 311-12; D. L. Bock, 『누가신학』, 강대훈 역 (서울: 부흥과 개혁사, 2016), 92.

109 윤철원, 『누가복음서 다시 읽기』(서울: 이레서원, 2011), 401.

110 요세푸스(Flavius Josephus)의 『유대전쟁사』에 의하면 로마의 티투스 (Titus) 장군에 의해 예루살렘이 포위된 기간 동안 예루살렘의 사망자 수는 1,100,000명에 달했으며 포로로 잡힌 자의

개인에게 의미하는 것은 이러한 일이 되풀이되지 않도록 이스라엘의 메시아, 즉 죄와 죽음으로부터 온 백성을 구원하실 십자가에 못 박힌 예수를 거절하지 않고, 예수와 그의 메시지를 받아들이면서 예수와의 관계를 올바르게 정립하며 더욱 깊어지는 관계 속에 들어가야 한다는 것이다 (눅 2:52; 19:10; 행 28:31).[111] 더욱이 누가공동체는 예수와의 그러한 관계 정립 가운데 존재하는 우리성을 통해 힘을 얻고, 그 힘을 통한 변화를 도모하며 나아가야 한다.[112] 결국, 예루살렘 성전이 그동안 지녀왔던 "상징성과 집중성"은 이제 예수를 따르는 누가공동체, 그 "보이지 않는 공간"이 갖게 되는 것이다.[113] "보이지 않는 공간"으로서 누가공동체는 예수와의 깊은 관계를 통해 예루살렘 성전의 역할과 기능을 보다 구체화하게 된다고 할 수 있다. 다시 말해 "보이지 않는 공간"으로서 누가공동체는 예수와의 깊은 관계를 통해 예수의 "증인"으로까지 자라가게 되는 것이다(눅 24:48; 행 1:8 참조).

수가 97,000명이었다. 요세푸스는 예루살렘에서 통치했던 첫 번째 유대왕인 다윗부터 티투스 (Titus) 장군에 의해 예루살렘이 멸망하기까지의 기간은 1,179년임을 밝히기도 한다. Flavius Josephus, 『유대전쟁사-예루살렘 함락사』, 김지찬 역 (서울: 생명의 말씀사, 2009), 602-605.

111   Bock, 『누가신학』, 94.

112   Joh, "'정'(情)의 여성신학: 재미한국인의 관점에서," 85.

113   유상현, 『사도행전연구』(서울: 대한기독교서회, 1996), 160-61.

3. 예루살렘 성전을 향한 예수의 행동과 회복 암시 (눅 19:45-48)

예수는 예루살렘 성전에 들어가서 행동을 시작한다(눅 19:45; 참조 마 21:12-17; 막 11:15-19; 요 2:13-17).[114] 이는 마치 메시아의 구원이 일어나고 있음을 예고하듯, 예수가 예루살렘 성전 경내인 이방인의 뜰에서 장사하는 사람들을 내어 쫓으면서 성전을 청결하게 하는 것이다(슥 14:21; 말 3:1ff. 참조).[115] 예수가 예루살렘 성전을 저버리지 않고, 장사하는 사람들을 내어 쫓는 것은 정(情)의 관점에서 비정(非情)이나 몰인정(沒人情)이 아닌 예수의 역정(逆情)으로 간주할 수 있다.[116] 역정은 자신에게 해를 입히거나 상처를 준 상대에게 "화가 나는 감정"이다.[117] 특히 서로 간의 우리성 관계에서 미운 정(情)이라고 할 수 있는 역정은 "관계 회복의 희망"이 있어 정(情)이 남아 있는 것이다.[118] 역정을 내듯 장사하는 사람들을 내쫓으며 성전을 청결하게 하는 예수의 행동은 당시 로마 제국이 지배하는 팔레스타인 치하에서 "성전 제도"와 "성전 종교"를 비난하는 고도의 상징적 행동으로 볼 수 있다.[119] 또한, 예수의 이러한 행동은 과거 예

---

114 Bock, 『누가신학』, 93.

115 정연해, "예수님과 성전-누가복음을 중심으로," 582-84.

116 구미정, "정(情)의 신학," 179.

117 구미정, "정(情)의 신학," 179.

118 구미정, "정(情)의 신학," 179.

119 윤철원, 『누가복음서 다시 읽기』, 401. 누가는 예수가 귀신을 내쫓을 때처럼 장사하는 사람들을 내어 쫓는다고 묘사하는 것이다.

언자들의 메시지와 긴밀히 연결되어(말 1:10 참조) 그의 정체성을 내포하며, 앞으로 예루살렘 성전에서 행하게 될 것을 예언하는 예언적 행위로 볼 수 있다.[120]

한편 예루살렘 성전에서 장사하는 사람들은 성전세를[121] 내도록 성전에서 통용되는 돈을 바꾸어 주는 사람들과 속죄의 제의에 필요한 여러 짐승을 파는 사람들이다(마 21:12 참조).[122] 이어지는 예수의 언급을 통해 알 수 있듯, 이 사람들이 자신들 본연의 역할을 넘어 예루살렘 성전을 이용하여 부당한 이윤을 남기며 성전을 "강도의 소굴"로 둔갑시킨 것이다.[123] 이는 당시 예루살렘 성전의 부패상, 나아가 성전의 우두머리이며 유대 사회의 기득권층인 유대 종교 지도자들, 그들과 관련된 사람들의 부패상을 보여주면서[124] 성령을 거역하고 예루살렘 성전을 이용하는 그들의 잘못된 성전 시각을 비판하는 것이기도 하다.[125] 이는 또한 누가복음과 긴밀한 관계인 사도행전 7:48의 스데반(Stephen)의 언급인 "지극히 높으신

---

120 예수는 "예배의 오염을 목도한 예언자 말라기의 외침(너희가 내 제단 위에 헛되이 불사르지 못하게 하기 위하여 너희 중에 성전 문을 닫을 자가 있었으면 좋겠도다)에 답변했다"라고 볼 수 있다. T. Eskola, 『신약성서의 내러티브 신학』, 107-131; E. P. Sanders, *Jesus and Judaism* (Philadelphia: Fortress, 1985), 80-81.

121 출애굽기 30:11-14에 의하면 20세 이상의 성인 남성은 매년 주님께 "자기의 생명의 속전(贖 錢)"을 드릴 의무가 있었다. 이 금액은 "성소의 세겔로 반 세겔"이다.

122 R. A. Horsley, 『예수운동-사회학적 접근』, 이준모 역 (천안: 한국신학연구소, 1993), 111-18.

123 R. Bauckham, "Jesus' Demonstration in the Temple," *Law and Religion: Essays on the Place of the Law in Israel and Early Christianity*, ed. by B. Lindars (Cambridge: James Clake, 1988), 72-73.

124 예수의 관점에서 유대 종교 지도자들은 예루살렘 성전을 '하나님의 집', '기도의 집'으로 관리하지 못했다. F. S. Spencer, *Luke* (Grand Rapids: Eerdmans, 2019), 532.

125 박영권, "누가복음의 성소 휘장 찢어짐과 예수의 마지막 기도: 누가의 성전관과 속죄신학," 『장신논단』 53/5 (2021), 45. 한편 누가복음에서 누가는 성령을 빈번하게 사용한다(눅 1:15, 35, 41, 67; 2:25, 26, 27; 3:16, 22; 4:1, 14, 18; 10:21; 11:13; 12:10, 12).

이는 손으로 지은 곳에 계시지 아니하시나니"라는 표현과 그 맥락을 같이한다.[126] 그래서 예수는 예루살렘 성전 본래의 역할과 기능(눅 1:10, 13; 2:29-32, 37; 18:9-14)을 남용 및 오용하는 그들을 깨우치듯, "내 집은 기도하는 집이 되리라 하였거늘 너희는 강도의 소굴을 만들었도다"라고 표현하는 것이다(눅 19:46; 참조 렘 7:9-12).[127] 나아가 예수의 역정을 내듯 하는 행동과 이러한 언급은 예루살렘 성전이 하나님과 그의 뜻을 생각하며 자라가는 '기도의 집'뿐만 아니라,[128] 예수 자신의 집으로서 "가난한 자들과 힘없는 자들의 필요"까지 돌보아야 하는 "성전의 온전한 회복"에 대한 의지를 보여주며 성전이 회복될 것임을 암시하는 것이기도 하다.[129]

이어지는 누가복음 19:47-48을 통해 예수가 "날마다" 예루살렘 성전에서 백성을 가르쳤음을 알 수 있다(눅 2:41-52; 20:1; 24:27, 45). 이미 언급했듯이 예수는 12살 때부터 성전에서 율법 교사들과 둘러앉아 듣기

---

126 "사도행전 7:41에도 언급되는 '손으로 지은'(χειροποίητος)이란 단어는 많은 헬라 사상가들이 우상숭배를 비판할 때 사용한 단어였다. 그러므로 스데반(Stephen)이 이 단어를 성전에 대해 언급하며 사용했다는 것은 성전을 우상과 같이 부정적으로 취급했다는 것을 의미한다." James D. G. Dunn, *Unity and Diversity in the New Testament: An Inquiry into the Character of Earliest Christianity* (London: SCM Press, 1990), 271; 황욱연, "사도행전에 나타난 갈등 모티프에 대한 서사적 연구" (신약학박사 학위논문: 강남대 대학원, 2021), 46-48에서 재인용.

127 "너희가 도둑질하며 살인하며 간음하며 거짓 맹세하며 바알에게 분향하며 너희가 알지 못하는 다른 신들을 따르면서 내 이름으로 일컬음을 받는 이 집에 들어와서 내 앞에 서서 말하기를 우리가 구원을 얻었나이다 하느냐 이는 이 모든 가증한 일을 행하려 함이로다 내 이름으로 일컬음을 받는 이 집이 너희 눈에는 도둑의 소굴로 보이느냐 보라 나 곧 내가 그것을 보았노라 여호와의 말씀이니라 너희는 내가 처음으로 내 이름을 둔 처소 실로에 가서 내 백성 이스라엘의 악에 대하여 내가 어떻게 행하였는지를 보라"(렘 7:9-12).

128 K. Snodgrass, "The Temple Incident," *Key Events in the Life of the Historical Jesus: A Collaborative Exploration of Context and Coherence*, ed. by D. L. Bock and R. L. Webb (WUNT 247; Tübingen: Mohr-Siebeck, 2009), 429-80 참조.

129 장흥길, 『서사로 성경읽기와 수사로 성경읽기』(서울: 한국성서학연구소, 2008), 120.

도 하며 묻기도 했다. 예수는 "모세와 모든 선지자의 글로 시작하여 모든 성경에 쓴 바 자기에 관한 것을 자세히 설명"하고(눅 24:27), 부활 후에도 제자들의 마음을 열어 깨닫게 하며(눅 24:45) 전에 숨겨졌던 것을 깨닫게 했다(눅 9:45).[130] 이렇듯 누가복음 안에서 그리스도인의 성장과 공동체의 성장에 중요한 가르침이 예수 전승과 연결되어 진실성을 더하며, 모든 그리스도인들이 받기를 원하는 예수의 가르침에 의미를 부여하고 있다.[131] 이는 사도행전에서 사도들의 가르침과 연계되는 것이기도 하며(행 2:42; 18:24-28), 예루살렘 성전에서 예수의 가르침과 자신의 공동체의 가르침을 밀접하게 연결하기 위한 누가의 명확한 의도로 볼 수 있다.

한편 이러한 가르침으로 인해 예수는 산헤드린(Sanhedrin) 공의회 회원들인 대제사장들과 서기관, 백성의 지도자들에 의해 배척되었음을 알 수 있다(눅 5:21; 6:2; 11:53, 54; 13:14).[132] 누가는 예수와 유대 종교 지도자들과의 갈등을 통해 그 이면에서 움직이고 있는 로마 통치자들 혹은 로마 지배체제와의 갈등 또한 넌지시 드러내고 있는 것이다(눅 2:11; 12:2-3; 23:2).[133] 당시 이스라엘 권력을 장악하고 있는 유대 종교 지도자들은 하나님의 뜻보다 자신들의 이익을 좇으며, 예루살렘 백성에게 하나님으로부터 부여받은 권위자의 모습을 보여주지 못했다고 할 수 있다. 누

---

130   M. A. Powell, 『누가복음 신학』, 배용덕 역 (서울: 기독교문서선교회, 1995), 159.

131   Powell, 『누가복음 신학』, 159.

132   Stein, *Luke*, 486.

133   Theissen, 『복음서의 교회정치학』, 133. 특히 누가복음 2:11의 예수에 대한 주(κύριος)와 구원자(σωτήρ)의 호칭 적용과 누가복음 23:2에서 무리가 예수를 "가이사에게 세금 바치는 것을 금하며 자칭 왕 그리스도라 하더이다"라고 고발하는 것은 이를 잘 설명해 준다. 윤철원, 『신약성서의 문화적 읽기』(서울: 킹덤북스, 2013), 124-31.

가복음 전체에 나오는 그들의 전반적으로 부정적이고 논쟁적인 성격은 이를 잘 보여준다(눅 6:7, 11; 11:45, 53-54; 13:14; 16:14; 20:1-2, 19-20; 22:2; 23:10).[134] 이런 그들이 예수를 거절하며(눅 19:39-40) 자신들이 이미 예루살렘 성전에서 허용한 것을 금하기에(눅 19:45) 예수를 "죽이려고 꾀하"였다(눅 19:47).

하지만 예루살렘 백성이 예수에게 귀를 기울여 들음으로 인해 유대 종교 지도자들은 어찌할 방도를 찾지 못하였다. 여기에서 귀를 기울여 듣는 것은 헬라어로 예수의 입술에 '매달리다'(ἐκκρέμαμαι)라는 뜻으로, 그만큼 백성이 예수의 말에 귀를 기울여 집중해서 들었음을 보여준다. 그래서 이어지는 누가복음 20장에서는 대제사장들과 서기관들이 이러한 권위를 어디서 받았는지 예수에게 묻는 것이 이어진다(눅 20:1-2). 유대 종교 지도자들인 그들은 예수에게 이러한 권위를 부여한 적이 없었기 때문이다.[135] 이러한 권위는 예수를 따르며 예수와 함께한 자들인 누가공동체에 이어진다고 할 수 있다(눅 22:28-30). 누가는 이미 2장의 예수 탄생 현장을 통해 예수를 따르는 자신의 공동체의 정체성에 대한 새로운 권위를 부여했다(눅 2:8-21).[136] 즉 누가는 누가복음 2:8-21을 통해 예수의 탄생을 온 세상의 "구주"인 그리스도의 탄생으로 못 박으며, 예수에게 당시 로마 황제와 유대 종교 지도자들의 권위를 넘어서는 새로운 권위를 부여한 것

---

134 J. D. Kingsbery, *Conflict in Luke: Jesus, Authorities, Disciples* (Minneapolis: Fortress Press, 1991), 28.

135 Bock, 『누가신학』, 93.

136 이는 또한 누가복음 24장의 예수의 죽음을 통한 부활로 이어진다.

이다.[137] 이를 통해 누가는 죄와 죽음으로부터 온 백성을 구원할 예수를 따르는 자신의 공동체의 권위를 내세우면서, 예수와 우리성 관계인 자신의 공동체가 구원받은 공동체로서 예수처럼 온 백성을 구원할 역할을 감당해야 할 공동체임을 분명히 하는 것이다.

---

137   박수암, 『누가복음』(서울: 대한기독교서회, 2005), 24.

IV.
나가면서

누가복음 19:41-48을 한국적 시각인 우리성, 정(情)에 견준 본 연구를 통해, 인간 존재로서 심연을 보여주는 예수와 사람이 아닌 다른 대상 사이에 놓인 골과 간격이 무너지는 것을 확인할 수 있었다. 다시 말해 한국인의 심정심리를 함의하고 있다고 할 수 있는 누가복음 19:41-48의 예수의 마음 씀을 보다 깊이 이해할 수 있었다. 예수의 속정 깊은 마음 씀은 사람이 아닌 대상인 예루살렘 성전까지 아우르며 하나님의 속성과 본질을 보여주고 있기 때문이다. 또한, 예수와 예루살렘 성전, 그리고 누가 공동체가 밀접하게 관련되어 있음을 다시 한번 확인할 수 있었다. 이스라엘의 예루살렘 성전은 예수와의 관계를 올바르게 정립하지 못해 신앙의 중심 공간의 역할을 상실하게 되고, 그 자리는 결국 예수를 따르는 제자들의 무리인 누가공동체, 그 "보이지 않는 공간"이 갖게 되는 것이다. "보이지 않는 공간"인 누가공동체는 예수의 "증인"으로까지 자라가면서(눅 24:48; 행 1:8 참조) 예루살렘 성전의 역할과 기능을 보다 구체화하며, 본격적인 "교회의 시대"를 준비하게 된다. 그래서 누가는 파괴된 예루살렘 성전을 대신해야 하는 자리에 있어야 할 누가공동체가 예수와의 깊은 관계를 통해 하나님과 화평케 되고, 하나님과 무너진 관계를 분명히 하도록 예루살렘 성전을 중심으로 한 예수의 언행에 초점을 맞추고 있다. 누가는 예수와 예루살렘 성전이 하나, 한 몸이 된 우리성 관계에서 예수와 누가공동체가 하나, 한 몸이 된 우리성 관계를 의도하며 거기에 수반되는 구원과 진정한 평화를 강조하면서 누가복음 19:41-44을 기술했다고 할 수 있다.

누가복음의 예수는 또한 예루살렘 성전과 우리성 관계에서 성전을 깨끗하게 하며, 성전에서 백성을 가르치기도 했다. 예수는 하나님의 구원 계획을 성취하는 자신의 죽음과 부활을 통해 "손으로 지은"(χειροποίητος) 예루살렘 성전을 대신하여 끝내 그리스도인의 흠 없고 유일한 성전이 되었다(눅 23:26-24:53). 따라서 누가는 누가복음 19:45-48을 통해 당시 기득권층인 유대 종교 지도자들, 그들과 관련된 사람들과의 갈등이라는 위기 상황에서, 예루살렘 성전을 다시 회복시킬 자신의 공동체의 정체성과 예수의 권위 부여에 대한 정당성을 주장하고 있다. 또한, 누가는 자신의 공동체가 예수와 그의 메시지를 기억하고 개개인의 삶의 자리에서 예수와 하나, 한 몸이 된 성전으로서의 삶을 촉구하며, 예루살렘 성전과 같은 신앙의 중심 공간으로서의 역할 회복을 설득하고 있는 것이기도 하다.

예수는 자신의 백성이 자신과 자신의 메시지를 거부했기에 이스라엘의 현재와 미래에 대한 안타까움과 애통함, 그리고 통찰이 담긴 눈물을 궁극적으로 흘렸다. 이제 예수가 통곡했던 그 자리에 누가공동체의 뒤를 이어 오늘날의 예수의 제자들인 바로 '우리' 그리스도인들이 서 있어야 한다. 예수의 제자는 늘 예수처럼 예루살렘 성전과 하나, 한 몸이 되어 하나님이 거하시며 다스리는 성전으로서의 역할을 거침없이 감당해야 한다.

참고문헌

구미정. "정(情)의 신학."『기독교 사상』50/1 (2006), 170-81.

_____.『한 글자로 신학 하기』. 서울: 대한기독교서회, 2007.

국립국어연구원 편.『표준국어대사전 상권』. 서울: 동아출판사, 2000.

고미숙. "도덕적 인간상으로서 정(情) 있는 인간 탐구."「윤리교육연구」22 (2010), 131-56.

고영건 · 김진영. "한국인의 정서적 지혜: 한의 삭힘."『한국학』28-3 (2005), 255-90.

김기범. "정(情) 마음의 일반인 심리학 모형: 이야기와 구조방정식 모델링을 통한 분석." 심리학박사 학위논문. 중앙대 대학원, 2001.

김기범 · 최상진. "정(情) 마음 이야기(Narrative) 분석."『한국심리학회지: 사회 및 성격』 16/2 (2002), 29-50.

김성규 외. "브랜드 정(情)과 브랜드 자산 구성요인과의 관계."『경영연구』25/2 (2010), 197-228.

김익수. "우리 고유의 인(仁) 사상과 효 문화의 형성과 공자의 계승."『청소년과 효 문화』 32 (2018), 11-33.

김정두. "사랑, 사랑의 신학 그리고 한국인의 정."『한국조직신학논총』40 (2014), 275-312.

김종덕 · 이은주. "한국적 정서를 반영한 TV 광고 캠페인의 기호학적 분석과 의미 변화." 『Archives of Design Research』27-3 (2014), 153-73.

김종민. "한국인의 정(情)의 정서를 통한 동일화된 설교 적용의 연구." 목회학박사 학위 논문. 총신대 대학원, 2018.

김충연. "누가복음의 율법 이해: 정류(靜流) 이상근의 누가복음 주해를 중심으로."『장신 논단』51/5 (2019), 93-118.

김판임. "선한 사마리아인의 비유(눅 10:30-35) 연구."『신약논단』 14/4 (2007),
　　1015-1052.

박성숙. "예루살렘 성전 재건 기록들 속에 나타난 '성전'의 이해."『구약논집』 14
　　(2019), 107-131.

박수암.『누가복음』. 서울: 대한기독교서회, 2005.

박영권. "누가복음의 성소 휘장 찢어짐과 예수의 마지막 기도: 누가의 성전관과 속죄 신학."
　　『장신논단』 53/5 (2021), 37-59.

박윤만. "믿음의 은유와 환유: 누가복음과 사도행전을 중심으로."『신약연구』 18/1
　　(2019), 7-41.

반재광. "누가-행전의 여행 내러티브 연구: 눅 9:51-19:44와 행 19:21-28:31을 중심으
　　로."『성경과 신학』 66 (2013), 125-55.

신성윤. "유대교 기독교 이슬람교 경전에 나타나는 예루살렘과 그 의미에 관한 소고."
　　『한국중동학회논총』 40/1 (2019), 97-126.

신현우.『누가복음 어떻게 읽을 것인가』. 서울: 성서유니온, 2018.

안경순. "요한복음의 나사로 이야기: 예수의 '정'(情)과 눈물을 중심으로."『신약논단』
　　26/1 (2019), 149-75.

_____. "요한복음 21:1-19 다시 읽기: 예수의 '정'(情)을 중심으로."『장신논단』 52/5
　　(2020), 37-61.

양정은. "한국적 집단주의(우리성, we-ness)가 대인 커뮤니케이션에 미치는 영향에 대
　　한 연구."『한국콘텐츠학회논문지』 19/5 (2019), 1-14.

오규훈. "한국인의 정(情)에 대한 고찰과 목회상담학적 함축성."『장신논단』 21 (2004),
　　281-303.

이동근. "효과적인 설교를 위한 정서연구: 한국인의 정서를 중심으로." 신학박사 학위논
　　문. 총신대 목회신학전문대학원, 2017.

이어령.『신한국인』. 서울: 문학사상사, 2000.

임태섭.『정, 체면, 연줄 그리고 한국인의 인간관계』. 서울: 도서출판 한나래, 2002.

유상현.『사도행전 연구』. 서울: 대한기독교서회, 1996.

_____. "사도행전의 예루살렘."『기독교 사상』 40/6 (1996), 26-42.

윤철원.『누가복음서 다시 읽기』. 서울: 이레서원, 2011.

_____.『신약성서의 문화적 읽기』. 서울: 킹덤북스, 2013.

이규태.『한국인의 정서 구조 2: 인정 · 흥 · 신바람』. 서울: 신원문화사, 1999.

_____.『한국인의 의식구조 4』. 서울: 신원문화사, 2000.

임진수. "예수와 예루살렘 성전과의 갈등: 전승사 연구."『신학과 세계』71 (2011), 30-62.

장흥길.『서사로 성경읽기와 수사로 성경읽기』. 서울: 한국성서학연구소, 2008.

전병희.『누가와 로마 제국』. 서울: 기독교문서선교회, 2017.

정계숙 외. "정(情)과 우리 의식에 기반한 따뜻한 교육공동체의 구현방안에 대한 연구."
　　　『학습자 중심 교과교육연구』18/14 (2018), 849-73.

정다운. "요한복음의 기독론적 성전 신학: 성육신에 나타난 성전 모티프를 중심으로."
　　　『한국개혁신학』75 (2022), 177-212.

정연해. "예수님과 성전-누가복음을 중심으로."『성경과 신학』37 (2005), 570-616.

정혜진. "마가복음 서사담론의 성전-이데올로기 비판: 죄사함 논쟁 대화(막 2:1-12)의
　　　문학사회학적 연구."『신약논단』23/4 (2016), 969-1007.

최경영.『누가복음과 화해 나눔 선교의 가치』. 서울: 크리스천헤럴드, 2011.

최명민. "한국인의 정(情)을 고려한 정신보건사회복지 실천방법 모색."『정신보건과 사
　　　회사업』30 (2008), 356-84.

최봉영.『조선 시대 유교 문화』. 서울: 사계절, 2002.

최상진. "한국인의 심정심리학: 정(情)과 한(恨)에 대한 현상학적 한 이해."『한국심리학
　　　회 학술대회 자료집』1993-3 (1993), 3-21.

_____.『한국인의 심리학』. 서울: 학지사, 2011.

_____. "한국인의 심정심리(心情心理): 한국인의 마음을 이해하기 위한 핵심개념."『성
　　　곡논총』31/1 (2000), 479-514.

최상진 · 이장주. "정의 심리적 구조와 사회-문화적 기능분석."『한국심리학회지: 사회
　　　및 성격』13/1 (1999), 219-33.

최상진 · 최인재. "한국인의 심리적 특성이 문제대응방식, 스트레스, 생활만족도에 미
　　　치는 영향분석: 정(情), 우리성을 중심으로."『한국심리학회 학술대회 자료집』
　　　(2000), 174-75.

_____. "한국인의 문화 심리적 특성이 문제대응방식, 스트레스, 생활만족도에 미치는 영향: 정(情), 우리성을 중심으로." 『한국심리학회지: 상담 및 심리치료』 14/1 (2002), 55-71.

최상진 외. "미운 정 고운 정의 심리적 구조, 표현행위 및 기능분석." 『한국심리학회 학술 대회 자료집』 1999/1 (1999), 24-27.

_____. "정의 심리적 구조, 행위 및 기능 간의 구조적 관계 분석." 『한국심리학회지: 사회 및 성격』 14-1 (2000), 203-222.

최유진. "앤 조(Anne Joh)의 '정'(情) 기독론과 삼위일체론적 고찰." 『한국조직신학논총』 32 (2012), 199-226.

황욱연. "사도행전에 나타난 갈등 모티프에 대한 서사적 연구." 신약학박사 학위논문. 강 남대 대학원, 2021.

Bauckham, R. "Jesus' Demonstration in the Temple." *Law and Religion: Essays on the Place of the Law in Israel and Early Christianity*. Edited by B. Lindars. Cambridge: James Clake, 1988, 72-89.

_____. 『요한복음 새롭게 보기』. 문우일 역. 서울: 새물결플러스, 2016.

Bock, D. L. 『누가신학』. 강대훈 역. 서울: 부흥과 개혁사, 2016.

Carroll, J. T. *Luke*. Louisville: Westminster John Knox, 2012.

Carroll, James. 『예루살렘 광기』. 박경선 역. 서울: 동녘, 2014.

Davis, D. R. *Luke 14-24: On the Road to Jerusalem*. Ross-Shire: Christian Focus, 2021.

DeSilva, D. A. *Honor, Patronage, Kinship & Purity: Unlocking New Testament Culture*. Downers Grove: InterVarsity Press, 2000.

Dunn, James D. G. *Unity and Diversity in the New Testament: An Inquiry into the Character of Earliest Christianity*. London: SCM Press, 1990.

Edwards, J. R. 『누가복음』. 강대훈 역. 서울: 부흥과 개혁사, 2019.

Eskola, T. 『신약성서의 내러티브 신학』. 박찬웅 외 역. 서울: 새물결플러스, 2021.

Esler, P. F. *Community and Gospel in Luke-Acts: The Social and Political Motivations of Lukan Theology*. Cambridge: Cambridge University Press, 1987.

Evans, C. A. *Luke*. NIBC. Peabody: Hendrickson, 1990.

Fitzmyer, J. A. *The Gospel according to Luke 10-24*. New Haven: Yale University Press, 2008.

Green, J. B.『누가복음 신학』. 왕인성 역. 서울: CLC, 2020.

Hofstede, G. *Cultures and Organizations*. Berkshire: McGraw-Hill, 1991.

Horsley, R. A.『예수운동-사회학적 접근』. 이준모 역. 천안: 한국신학연구소, 1993.

Irsigler, H. "Der K'nigsgott erscheint: Zur Syntax und Semantik von Psalm 29." *Im Memoriam Wolfgang Richter*. Edited by H. Rechenmacher. ATSAT 100. St. Ottilien: EOS, 2016, 169-204.

Joh, Wonhee Anne. "The Transgressive Power of Jeong: A Postcolonial Hybridization of Christology." *Postcolonial Theologies: Divinity and Empire*. Edited. by Catherine Keller, Michael Nausner & Mayra Rivera. St. Louis: Chalice Press, 2004, 149-63.

Joh, Wonhee Anne. "'정'(情)의 여성신학: 재미한국인의 관점에서."『한국여성신학』 57 (2004), 74-93.

Josephus, Flavius.『유대전쟁사-예루살렘 함락사』. 김지찬 역. 서울: 생명의 말씀사, 2009.

Kingsbery, J. D. *Conflict in Luke: Jesus, Authorities, Disciples*. Minneapolis: Fortress Press, 1991.

Lee, H. D. "Jeong(정), Civility, and the Heart of a Pluralistic Democracy in Korea." *Emotions in Korean Philosophy and Religion*. Edited by Edward Y. J. Chung and J. S. Oh. Gewerbestrasse: Palgrave macmillan, 2022, 213-34.

Longenecker, R. N.『신약성경에 나타난 제자도의 유형』. 박규태 역. 서울: 국제제자훈련원, 2008.

Malina, B. J.『신약의 세계』. 심상법 역. 서울: 솔로몬, 1999.

Myers, D. G. *Theories of emotion*. NY: Worth Publishers, 2004.

Park, I. J. "Korean Social Emotions: Han(한 恨), Heung(흥 興), and Jeong(정 情)." *Emotions in Korean Philosophy and Religion*. Edited by Edward Y. J. Chung and J. S. Oh. Gewerbestrasse: Palgrave macmillan, 2022, 235-56.

Powell, M. A.『누가복음 신학』. 배용덕 역. 서울: 기독교문서선교회, 1995.

Rice, P. H. *Behold, Your House is Left to You: The Theological and Narrative Place of the Jerusalem Temple in Luke's Gospel*. Oregon: Pickwick, 2016.

Rowe, C. K. *Early Narrative Christology: The Lord in the Gospel of Luke*. Berlin: Walter de Gruyter, 2006.

Sanders, E. P. *Jesus and Judaism*. Philadelphia: Fortress, 1985.

Sanders, J. T. *The Jews in Luke-Acts*. London: SCM, 1987.

Seim, T. K. *The Double Message: Patterns of Gender in Luke-Acts*. London: T&T Clark International, 2004.

Snodgrass, K. "The Temple Incident." *Key Events in the Life of the Historical Jesus: A Collaborative Exploration of Context and Coherence*. Edited by D. L. Bock and R. L. Webb. WUNT 247. T'bingen: Mohr-Siebeck, 2009, 429-80.

Spencer, F. S. *Luke*. Grand Rapids: Eerdmans, 2019.

_____.『누가복음 사도행전』. 소기천 역. 서울: 대한기독교서회, 2018.

Squires, J. T. *The Plan of God in Luke-Acts*. Cambridge: Cambridge University Press, 1993.

Stegemann, E. W. and Stegemann. W.『초기 그리스도교의 사회사』. 손성현 · 김판임 역. 서울: 동연, 2008.

Stein, R. H. *Luke*. NAC. Nashville: Broadman, 1992.

Sterling, G. E. *Historiography and Self-Definition: Josephos, Luke-Acts and Apologetic Historiography*. Atlanta: Society of Biblical Literature, 2005.

Theissen, G.『복음서의 교회정치학』. 류호성 · 김학철 역. 서울: 대한기독교서회, 2012.

Walker, Peter W. L. *Jesus and the Holy City: New Testament Perspectives on Jerusalem*. Grand Rapids: Eerdmans, 1996.

Wright, N. T.『신약성서와 하나님의 백성』. 박문재 역. 서울: 크리스챤다이제스트, 2003.

요한복음의 나사로 이야기:
예수의 '정'(情)과 눈물을 중심으로

이 글은 요한복음에 대한 전통적인 이해의 관점을 뛰어넘어 한국인의 정서인 '정'(情)이라는 시각과 접목하여 요한복음을 해석하려는 하나의 시도이다. 이를 통해 신약학의 토착화(土着化)라는 해석학적인 새로운 시도를 보여주고자 했다. 요한복음에서 강조되는 친구를 위하여 자기 목숨을 버리는 "더 큰 사랑"(요 15:13)처럼 우리 문화에서 '정'은 타인에게 관심을 두고, 타인을 돕는 행동의 동기임이 틀림없다. 따라서 '정'은 요한복음에서 사랑과 대등한 관계에서 이해될 수 있다. 특히 요한복음 11:1-44의 나사로(Lazarus)의 죽음과 부활 이야기는 인간 예수의 나사로에 대한 애정과 비통함이 잘 반영되어 있어, 이를 '정'과 연결하여 살펴보는 것이 가능하다. 곧 나사로 이야기에서 예수의 사랑과 눈물을 한국인 고유의 정서인 '정'과 연결하여, '정'의 정서로 나사로 이야기를 이해해 볼 수 있다. 이러한 시도를 통해 요한복음의 신학적 깊이를 더하며, '정'의 근원이 예수 안에 내재해 있음을 분명히 하고자 했다. 한국인들에게는 사랑의 하나님뿐만 아니라 '정'의 하나님도 익숙한 표현이 될 수 있다.

주제어

요한복음, 나사로 이야기, 정(情), 눈물, 관계

I.
들어가면서*

인간은 '나와 너'의 관계 안에서 소통(communication)한다. 그러한 관계 속에 '정'(情)은 우러난다. 한국인은 이러한 '정'으로 소통하기도 한다. 임태섭의 지적대로 "정을 이해하지 않고서는 한국인 사이의 인간관계나 한국인이 보여주는 소통을 이해"할 수 없다.[1] '정'은 시간에 따라 비례하는 속성이 있다.[2] '정'은 "제 관계 속에서 파생되는 의미공유의 형태와

---

* 본 논문은 「신약논단」, "요한복음의 나사로 이야기", 26/1호 (2019), 149-75에 출판된 것을 사용 허락을 받아 재출판합니다.

1　임태섭, 『정, 체면, 연줄 그리고 한국인의 인간관계』(서울: 도서출판 한나래, 2002), 17.

2　이규태, 『한국인의 정서 구조 2: 인정 · 흥 · 신바람』(서울: 신원문화사, 1999), 63-78.

내용"이라는 측면에서 소통의 한 방법으로 볼 수 있다.[3] 더욱이 한국인은 '정'이 많은 사람을 이상적인 인간으로 생각한다.[4] '정'이 많은 사람은 타인에게 관심을 두고, 타인의 어려움을 자기 일처럼 받아들이며 타인을 돕기 때문이다.[5] 성서에서 이상적인 인간이라 할 수 있는 예수도 자신의 삶속에서 타인에게 관심을 두고, 타인의 어려움을 자기 일처럼 받아들이며 타인을 도왔다. 그러나 이와 같은 행동은 성서에서 '사랑'이라는 정서로 표현된다. 예수의 근본적인 가르침도 하나님을 사랑하고, 이웃을 사랑하는 것이었다(막 12:33; 마 22:37-40; 눅 10:27; 요 13:34; 15:12, 17).[6]

본 연구의 목적은 예수와 인간과의 관계 안에 사랑으로 표현되고 있는 '정'의 정서를 찾아내어, 하나님이면서 인간인 예수 안에 '정'의 마음이 내재해 있음을 명확히 하고자 한다. 이를 위해 요한복음을 중심으로 살펴볼 것이다. 요한복음은 복음서 가운데 예수와 하나님이 하나(일치)라는 주제로 전개되며, 특히 하나님의 속성인 사랑을 강조하는 문서이기 때문이다. 그러나 본 연구와 관련한 요한복음의 선행연구는 미미하므로, 본 연

---

3   김우룡, 『커뮤니케이션 기본이론』(서울: 나남출판, 1998), 7.

4   최명민, "한국인의 정(情)을 고려한 정신보건사회복지 실천방법 모색," 『정신보건과 사회사업』 30 (2008), 360.

5   최명민, "한국인의 정(情)을 고려한 정신보건사회복지 실천방법 모색," 360.

6   요한복음의 "새 계명"(ἐντολὴ καινὴ)은 외형상 이웃 사랑만을 포함하지만 "내(예수)가 너희를 사랑한 것 같이"라는 조건이 있으므로(13:34), "하나님의 계명을 지켜 하나님을 사랑하면서 제자들을 사랑한 예수의 본을 따라야 하는 것이다." 따라서 요한복음의 새 계명은 공관복음의 하나님 사랑 및 이웃 사랑과 크게 다르지 않다. 문우일, "요한복음의 율법과 사랑," 『Canon & Culture』 7/1, (2013), 208-211. 헬라어 사용은 다음 규정에 근거한다. BWHEBB, BWHEBL, BWTRANSH [Hebrew]; BWGRKL, BWGRKN, and BWGRKI [Greek] PostScript Type 1 and TrueType fonts Copyright ©1994-2015 BibleWorks, LLC. All rights reserved. These Biblical Greek and Hebrew fonts are used with permission and are from BibleWorks (www. bibleworks.com).

구를 다음과 같이 구체화하려 한다. 먼저 한국인 고유의 정서인 '정'에 대해 '정'과 사랑, '정'과 눈물을 중심으로 살펴보고자 한다.[7] 다음으로 예수가 친구에 대한 사랑 때문에 비통히 여기며, 눈물까지 흘리는 요한복음의 나사로(Lazarus) 이야기(11:1-44)를 예수의 사랑과 눈물, '정'과 눈물을 중심으로 비교함과 비교됨의 상호연관 관계를 통해 이해해 볼 것이다.[8] 그리고 나사로 이야기를 통해 하나님인 예수에 대한 이해의 지평과 깊이를 심화하며 결론을 맺고자 한다. 이를 위한 전제는 인간과 인간과의 친밀한 관계 속에 사랑과 '정'은 밀접한 관련이 있다는 것이다. 사랑과 '정'은 서로 간의 관계 속에 마음을 주고받으며, 이성적이고 합리적인 것을 넘어선다.

---

7 한국인 고유의 정서는 '정' 이외에 한(恨), 의리 등을 들 수 있다.

8 나사로(Lazarus)는 "엘리어저(Eleazar, "하나님께서 도우시는 자")의 축약형인 히브리어 라자르(Lazar)의 라틴어(또 사실상 헬라어) 형태이다." G. R. Beasley-Murray, 『요한복음』(*John* 1-21) 이덕신 역(Word Biblical Commentary 36; 서울: 솔로몬, 2001), 399.

II.
한국적 정서인 '정'(情)

1. '정'(情)과 사랑

　'정'은 한국인 고유의 정서(情緒)라[9] 할 수 있다.[10] '정'은 인간의 여러 가지 감정(感情)과[11] 정서를 담고 있어 개념적으로 정의하기는 쉽지 않

9　정서는 학자마다 다양하게 정의한다. 정서의 사전적 의미는 "사람의 마음에 일어나는 여러 가지 감정 또는 그런 감정을 일으키는 기분이나 분위기를 말한다." 이동근, "효과적인 설교를 위한 정서연구: 한국인의 정서를 중심으로"(신학박사 학위논문: 총신대 목회신학전문대학원, 2017), 21.

10　임태섭, 『정, 체면, 연줄 그리고 한국인의 인간관계』, 17.

11　인간의 자연적 감정은 희(喜, 기쁨), 노(怒, 노여움), 애(哀, 슬픔), 락(樂, 즐거움), 애(愛, 사랑),

다. 김성규는 '정'에 대해 "한국인의 심리와 심성을 대표하는 감정으로, 장기간의 반복적인 접촉을 통해 무의식적으로 서서히 생기는 애착의 감정이며, 정신적 유대감이다"라고 정의한다.[12] 김정두는 '정'을 한국인의 '한'(恨)의 정서와 연결하여 "고난의 과정을 통해 '한'의 정서를 지니고 살아가는 사람들이 같은 처지에 있는 사람이나 동물에게 품게 되는 개방된 마음, 의지하는 마음, 기대는 마음, 마음을 주는 것, 따뜻한 공감, 그리고 측은지심(惻隱之心)의 마음이기도 하다"라고 정의한다.[13] 앤 조(W. Anne Joh)는 '정'에 대해 사랑의 한 차원으로서 아가페, 필리아, 에로스를 모두 함축하고 있는 개념이라고 주장한다.[14]

더욱이 '정'은 한국인의 내면뿐만 아니라 사회관계에 영향을 미치는 중요한 요소라 할 수 있다.[15] '정'은 영어로 "sympathy, compassion, mercy, affection, benevolence, fellow feeling" 등으로 번역되는데 이러한 번역은 한국적 정서인 '정'의 핵심을 담아내지 못한다.[16] 곧 '정'은 서

오(惡, 미움), 욕(慾, 욕망) 등의 감정을 말한다.

12 김성규 외, "브랜드 정(情)과 브랜드 자산 구성요인과의 관계," 『경영연구』 25/2 (2010), 201. 최상진도 한국인의 심층적 감정과 정서적 특성으로 '정'을 언급한다. 최상진, 『한국인의 심리학』(서울: 학지사, 2011), 12.

13 김정두, "사랑, 사랑의 신학 그리고 한국인의 정," 『한국조직신학논총』 40 (2014), 295.

14 Wonhee. Anne Joh, "The Transgressive Power of Jeong: A Postcolonial Hybridization of Christology," Postcolonial Theologies: Divinity and Empire, ed. by Catherine Keller, Michael Nausner & Mayra Rivera (St. Louis: Chalice Press, 2004), 152, 156. 앤 조(W. Anne Joh)는 십자가를 '한'과 '정'의 구체화로 해석하기도 한다. Anne Joh, "The Transgressive Power of Jeong: A Postcolonial Hybridization of Christology," 149-63; 김정두, "사랑, 사랑의 신학 그리고 한국인의 정," 295에서 재인용.

15 이규태, 『한국인의 정서 구조 2: 인정 · 흥 · 신바람』, 63-78.

16 최명민, "한국인의 정(情)을 고려한 정신보건사회복지 실천방법 모색," 360. 따라서 본 연구자는 한국적 정서인 '정'의 영어 표기를 Cheong으로 할 것이다.

구의 개념으로 정확히 표현하기 쉽지 않은 한국적 정서이다.[17] 따라서 한국인들에게 '정'이라는 개념은 한국적 정체성을 반영해 주는 것으로, 독특한 관계성을 내포하고 있다고 할 수 있다.[18] 이어령은 오랜 세월을 살아오면서 한국인들을 서로 결합시킨 '정'에 대해 다음과 같이 말한다.[19]

> 한국 사람들은 오랜 세월을 두고 어려운 일, 기쁜 일, 슬픈 일을 함께 나누면서 정으로 뭉쳐온 집단입니다. 정의 문화가 지열(地熱)처럼 우리의 마음속에 숨겨져 있는 것입니다. 성서에 보면 "태초에 말씀이 있었다"라고 했는데, 그 말씀은 로고스지요. … 만약 우리가 성서를 쓴다면 "태초에 정이 있었다"라고 썼을 것입니다. 우리가 태어난 것도 부모님의 정, 효(孝)도 부모님의 정, 모든 것이 정으로 얽힌 민족이라고 말할 수 있습니다.

한국인은 시간성, 공간성, 관계성을 바탕으로 한 이러한 '정'을 추구한다.[20] '정'은 타인과 함께 고생하거나 함께 즐거움을 나눌 때, 타인이 자신을 아껴주고 배려할 때, 그런 시간이 오래 반복될 때 드는 것이다.[21] '정'은 말하지 않아도 느낄 수 있고 서로에게 전해진다. 최명민의 지적대로 "사람들은 특히 힘들고 외로울 때 '정'의 관계에 있는 사람을 찾고, 거기에서

---

17 마이어스(D. G. Myers)에 의하면 "정서는 내적인 생화학적, 외적인 환경적 영향과 상호작용하는 개인의 마음 상태에 대한 심리적 경험의 복합체(complex)다. 인간에게 정서는 근본적으로 심리적 각성, 표현적 행동 그리고 의식적인 경험을 포함한다." D. G. Myers, *Theories of emotion* (NY: Worth Publishers, 2004), 500.

18 김정두, "사랑, 사랑의 신학 그리고 한국인의 정," 295.

19 이어령, 『신한국인』(서울: 문학사상사, 2000), 176.

20 김정두, "사랑, 사랑의 신학 그리고 한국인의 정," 300.

21 구미정, 『한 글자로 신학 하기』(서울: 대한기독교서회, 2007), 35.

정서적 안정"을 얻기까지 한다.[22] 더욱이 부부간, 부모와 자식 간, 상사지간, 사제간, 친구 간에 어찌할 수 없는 상황에서도 "그놈의 '정' 때문에…"라고 말하며 극한 상황을 이겨나가는 것을 우리는 흔히 볼 수 있다. '정'은 사람을, 그 관계를, 상황을 움직이는 힘이 있다. '정'은 사랑처럼 관계 속에서 자타(自他)나 주객(主客)의 이분법도 무너져 내리게 하는 것이다.[23]

2. '정'(情)과 눈물

인간은 눈물을 흘린다. 인간의 눈물은 인간이 육체적, 정신적으로 성장하면서 다양한 상황 가운데 기쁨과 슬픔 등을 함의하여 여러 방식으로 나타난다.[24] 눈물은 자체로써 목적이 있다고 볼 수 없지만, 타인과의 관계에서 진정성을 나타낸다. 그래서 눈물은 인간의 감정을 전달하는 소통의 도구가 되기도 한다. 인간의 눈물은 말보다 힘이 있을 수 있다. 때로는 말없이 흘리는 눈물이 또 하나의 의미를 담아, 보다 강력한 메시지를 전달하는 것이다. 한국인들에게 눈물은 타인과의 관계에서 '정'과 어우러져 구체화되기도 한다. 한국인들 사이의 친밀한 관계에서 '정'과 눈물은 서로 비례하게 될 수 있기 때문이다.

---

22 최명민, "한국인의 정(情)을 고려한 정신보건사회복지 실천방법 모색," 362.

23 구미정, 『한 글자로 신학 하기』, 33.

24 성서에서 눈물은 회개(시 6:6; 눅 22:61-62), 괴로움과 비통함(렘 14:17), 희망(시 126:5-6; 계 7:17), 사랑(고후 2:4) 등 다양한 의미를 담고 있다.

'정'이 많은 한국인은 자신의 고통과 슬픔만이 아니라 타인이 느끼는 고통과 슬픔을 외면하지 않는다. 그 고통과 슬픔을 마치 자신의 것처럼 생각하고, 함께 아파하며 힘들어하기도 한다. 고통과 슬픔 속에서 눈물을 흘리는 타인의 얼굴을 보고, 함께 눈물을 흘려주는 것을 통해 한 사람이 한 사람을 얼마나 사랑했는지 가늠하는 것이 가능하다. 이와 반대의 상황이라 할 수 있는 기쁨의 상황에서도 역시 마찬가지다. '정'이 많은 한국인은 타인의 기쁨에 함께 기뻐하며, 온전히 타인을 위한 눈물을 흘려주기도 한다. 한국인의 '정'에 기반을 둔 눈물은 혈육지간(血肉之間) 같은 깊은 관계를 생각나게 하는 것이다.

III.
'정'(情)의 정서로 나사로 이야기 읽기

1. 요한복음에 드러난 예수와 인간의 관계 맺음

요한복음은 하나님이 인간으로 육화한 예수에 관한 이야기이다(1:1, 14). 요한복음은 선재(pre-existence)하는 "말씀"(λόγος)을 창조주로 소개하고(1:3), 요한복음 17장에서 선재하는 "사랑"을 언급함으로써 (17:24) 간접적으로 하나님의 속성인 사랑과 창조를 연결시킨다.[25] 요한복음에서 하나님은 예수 안에, 예수는 하나님 안에 있다(10:38; 14:10;

---

25 문우일, "요한복음의 율법과 사랑," 200.

17:21). 이러한 예수가 이 땅에서 많은 인간과 관계를 맺었다.[26] 예수와 인간의 관계 맺음에 대해 요한은 내러티브(narrative, 서사) 형식을 취하여 전하고 있다.[27] 다른 복음서에 비해 요한의 예수는 등장인물들(나다나엘, 니고데모, 사마리아 여인, 마르다, 빌라도, 막달라 마리아, 베드로)과 개별적으로 길게 대화한다.[28] 특히 이러한 대화는 나다나엘과의 대화(1:47-51)를 제외하고, 모두 사적인 장소에서 일대일의 관계에서 행해졌다는 것이 중요하다.[29] 사적인 장소에서 긴 사적 대화는 요한복음만의 독특한 특징이다. 요한의 예수는 만나는 사람들의 상황에 따라, 대화 주제를 달리하며 반응한다. 이렇듯 요한복음은 하나님과 예수와의 관계뿐만 아니라 예수와 개개인의 인간과의 관계라는 "사적인 경험을 가장 분명하고도 빈번하게 환기"시키며 가치를 둔다.[30]

요한복음에서 개개인의 신자는 단독자로서 예수 앞에 선다(10:3; 15:1-6). 예수의 고별 기도를 통해 요한복음 17장은 하나님과 예수가 하나이듯이(10:30), 예수의 제자들 한 사람 한 사람이 서로 하나가 되기를 강조한다. 곧 요한은 하나님-예수-제자가 하나 되는 공동체가 되어야 함

---

26 예수의 삶과 사역을 보여주고 있는 복음서의 모습을 통해 유추할 수 있듯이, 예수는 이 땅에서 많은 사람과 관계를 맺었다. 그들을 가르치고 치유하며, 복음을 전파했다(마 4:23-25; 눅 6:17-19). 사람과의 그러한 관계 속에서 예수의 기쁨, 두려움, 분노, 놀람, 우울 등의 감정에 관한 언급이 요한복음 28개, 마가복음 16개, 마태복음 10개, 누가복음 6개 정도가 나오기까지 한다.

27 R. Kysar, *Preaching John* (Minneapolis: Fortress Press, 2002), 40. 본 연구자는 narrative를 그대로 음역하여 '내러티브'로 표기할 것이다.

28 (요 1:47-51; 3:1-21; 4:7-26; 11:20-27; 18:33-19:12; 20:14-17; 21:15-22).

29 R. Bauckham, 『요한복음 새롭게 보기』(*Gospel of Glory*, 문우일 역, 서울: 새물결플러스, 2016), 47.

30 Bauckham, 『요한복음 새롭게 보기』, 55-56.

을 강조하는 것이다.[31] 요한은 이러한 내러티브를 통해 공동체뿐만 아니라 그 개개인의 신자들이 예수 안에 계시된 하나님을 만나고, 경험하기를 바란다.[32] 요한은 예전 예수의 상황을 기술하면서도 요한복음 저작 당시 독자들의 상황도 염두에 두고 있다. 요한은 예수의 이야기를 자기가 관계 맺으며 속해 있는 공동체의 이야기와 연결시켜, 당시 상황에 대처할 방안을 더불어 제시하는 것이다.[33] 따라서 현시대의 독자들도 그러한 이야기에 대한 깨달음을 통해 구체적인 개개인의 상황 속에서 예수를 만나고, 경험해야 한다.

"… 내가 내 양을 알고 양도 나를 아는 것이 아버지께서 나를 아시고 내가 아버지를 아는 것 같으니, 나는 양을 위하여 목숨을 버리노라"라는 요한복음 10:14-15처럼 개개인과 예수의 친밀한 관계를 보여주는 본문은 요한복음 곳곳에 있다(5:1-10; 6:56; 10:38; 14:10, 17, 20, 23; 17:21-26). 이를 통해 요한은 개인과 예수의 친밀한 관계를 강조하는 것이다. 개인과 예수의 친밀한 관계를 보여주는 또 다른 예는 바로 "예수의 사랑받는 제자와 예수 사이의 독특한 친밀감(13:23; 21:20)"이다.[34] 이러한 친밀감은

---

31 레이몬드 브라운(R. E. Brown)은 여러 학자들(D. Moody Smith, Ernst Käsemann, Wayne A. Meeks, Oscar Cullman)의 주장처럼 요한공동체가 분파(종파)적인 경향들이 있음에도 불구하고, 요한은 여전히 다른 그리스도인들과 연합되기를 원하고 있다는 사실과 요한공동체가 회당과 다른 교회들에 대립되는 주류 교회였음을 밝혔다. 이에 관하여 다음을 참고하라. R. E. Brown, *The Community of the Beloved Disciple: The Life, Loves and Hates of an Individual Church in New Testament Times* (New York: Paulist Press, 1979).

32 요한복음의 관점과는 비슷하면서도 약간 다르게 마태복음은 "하늘에 계신 너희 아버지의 온전하심과 같이 너희도 온전하라"(마 5:48)라고 강조하고, 누가복음은 "너희 아버지의 자비로우심 같이 너희도 자비로운 자가 되라"(눅 6:36)라고 강조한다.

33 유태엽, "나사로 이야기(요 11:1-45)와 제자직," 『신약논단』 19/1 72-73, 82-83.

34 Bauckham, 『요한복음 새롭게 보기』, 54.

예수와 그 제자 사이의 관계가 "사랑"과 "따름"으로 밀접하게 엮여 있음을 보여준다.[35] 이 친밀감에 대해 보쿰(R. Bauckham)은 "예수가 지상에 있을 때 실제로 그 제자와 맺은 우정을 반영하고 있을지 모르며, 그 우정이 요한복음 영성의 토대가 되었을지 모른다"라고 추측한다.[36] 곧 이러한 친밀감이 한국적 정서인 '정'과도 관련되어 있다고 유추할 수 있으며, '정'으로 설명될 수 있다.[37]

요한복음 15장 포도나무 비유에서 언급되는 친밀감인 "그가 내 안에, 내가 그 안에"라는 표현도 린다스(Barnabas Lindars)가 지적하듯, 결과적으로 개인과 예수를 사사롭고 윤리적인 관계로 들어서게 하는 것이다.[38] 이러한 개인과 예수의 "사적인 상호 내재"의 관계는 아버지와 아들 사이의 사랑이라는 친밀한 관계를 기반으로, 예수의 삶을 통해 현세를 넘어 영원히 지속된다 할 수 있다.[39] 여기에 개인과 예수, 하나님과 예수를 하나 되게 하는 하나님 사랑의 가치가 있다. 더욱이 요한복음의 주제 가운데 하나는 하나님인 예수가 자기가 사랑하는 사람들을 위하여 자신의 목숨을 내어놓는 것이다. 곧 "예수의 죽음은 순수한 사랑의 행위"로 요한이 예

---

35 M. Hillmer, "They Believed in Him: Discipleship in the Johannine Tradition," *Patterns of Discipleship in the New Testament*, ed. by R. N. Longenecker (McMaster New Testament Studies; Grand Rapids: Eerdmans, 1996), 77-97.

36 Bauckham, 『요한복음 새롭게 보기』, 54. 한편 누가복음에서 예수가 예루살렘 성(城)을 보시고 우시는 예언적 통찰을 인간 예수의 '정'의 관점으로도 볼 수 있다(눅 19:41, 참조 21:24). 왜냐하면 이 부분에서 예수는 초인간적인 신인(神人)이 아니라 우리와 똑같은 성정(性情)을 지닌 인간으로서, 이방인의 때가 차기까지 황폐해질 예루살렘의 미래, 예루살렘과 같이 멸망하게 될 하나님 백성의 참혹한 미래를 절감하며, 그에 대한 반응으로 우셨기 때문이다.

37 한국인에게 '정'은 '친밀함'과 '끈끈함'이라는 용어로 표현되기도 한다.

38 Barnabas Lindars, *The Gospel of John* (NCB; London: Marshall, Morgan & Scott, 1972), 269.

39 Bauckham, 『요한복음 새롭게 보기』, 56.

수에 대해 묘사한 것은 "자신이 알고 친구처럼 사랑한 특정 제자 집단을 위하여 자기 목숨을 내어준 분"이라는 것이다(15:13-15).[40] 물론 이러한 예수의 마음 깊은 '정'과 같은 사랑을 통하여, 하나님의 사랑은 "인간적이고 역사적인 형태로 표현"되어 세상을 품을 수 있게 된 것이다.[41]

2. 나사로 이야기(11:1-44) 이해 – 예수의 '정'(情)과 눈물을 중심으로

1) 요한복음 11:1-16

예수의 공적 사역 마지막 단계의 나사로 이야기(11:1-44)는 표적 (σημεῖα) 가운데 하나이다.[42] 요한복음은 인간의 능력으로 해결할 수 없는 예수의 표적(이적)을 기록하고 있다.[43] 요한복음에서 표적은 김득중의 지적대로 "그 자체가 목적이 아니라 어떤 '상징적인 의미'를 제시하기 위

---

40 Bauckham, 『요한복음 새롭게 보기』, 129-31.

41 Bauckham, 『요한복음 새롭게 보기』, 138.

42 유태엽은 "'나사로 이야기'는 요한복음 저자가 자신의 공동체가 직면한 문제에 답하기 위해 창조한 문학적 산물"로 본다. 요한복음 저자가 나사로 이야기를 통해 "곤경에 처한 공동체의 상황에서 위안과 희망의 손길을 제공"하고자 의도했다는 것이다. 유태엽, "나사로 이야기(요 11:1-45)와 제자직," 84.

43 요한복음에서 예수의 표적은 7가지로 다음과 같다: 가나의 혼인잔치에서 물을 포도주로 바꾸심(2:1-11); 왕의 신하의 아들을 고치심(4:43-54); 베데스다 연못의 병자를 고치심(5:1-9); 오병이어(6:1-15); 물 위를 걸으심(6:16-21); 날 때부터 시각 장애인인 사람을 고치심(9:1-12); 나사로를 살리심(11:1-44).

한 수단"이라 할 수 있다.[44] 나사로 이야기는 요한복음을 표적의 책(2-12장)과 영광의 책(13-20장)으로 나눌 때, 표적의 책 마지막 부분에 위치하여 영광의 책과 연결하는 다리 역할을 하고 있다.[45] 나사로 이야기는 그 표적을 행하시는 분이 누구인지에 초점을 맞추어, 독자들에게 하나님인 예수상을 전하고 있다.[46] 그래서 이 부분이 함의하고 있는 문맥적 중요성은 여러 학자에 의해 인식되어 왔고, 또한 지적되어 왔다.[47] 이 부분은 명백히 예수가 사랑하는 자인 나사로(11:3)가 죽은 것을 보고, 사랑의 마음으로 나사로를 다시 살리는 본문이다. 나사로를 살리는 것은 요한복음에서 예수의 공생애의 "마지막 행위"다.[48]

나사로 이야기에 대해 구체적으로 살펴보면 요한복음 11:1-2에서 베다니의 병든 나사로는 "향유를 주께 붓고 머리털로 주의 발을 닦던 자"인 마리아와 그 자매 마르다의 오라버니로 소개된다.[49] 나사로의 누이들인 마리아와 마르다는 예수가 사랑하는 자인 나사로가 병들었다고 예수에게 사람을 보낸다(11:3). 나사로 누이들의 마음이 담긴 "주여 보시옵소서 사랑하시는 자가 병들었나이다"라는 11:3 후반절의 언급은 예수와 나사로

---

44   김득중,『요한의 신학』(서울: 컨콜디아사, 1994), 68.

45   최흥진,『요한복음』(서울: 한국장로교출판사, 2006), 189.

46   최흥진,『요한복음』, 24-26.

47   김득중,『요한의 신학』, 113.

48   C. P. Donald Senior,『요한이 전하는 예수의 고난』(*The Passion of Jesus in the Gospel of John*, 박태원 역, 서울: 분도출판사, 2014), 37.

49   요한복음에서 나사로와 그의 누이들의 역할은 12장과 20장에서도 이어진다. 12:1-8에서 마리아는 예수께 향유를 부은 사람으로 소개되고 있으며, 12:9-11은 나사로 때문에 많은 유대인들이 예수를 믿게 된 것을 언급한다. 20:1-2, 11-18은 예수의 무덤에 처음으로 간 사람이 마리아라고 언급한다. 심우진, "가이사의 친구와 예수의 친구,"『신약논단』16/1 (2009), 58.

의 인간적 사랑을 부각시키고 있다. 여기서 사랑했다고 번역된 동사 '필레
오'(φιλέω)는 우정에 기반을 둔 인간적 사랑을 의미하기 때문이다.[50]

이 이야기를 듣고 예수는 "이 병은 죽을병이 아니라 하나님의 영광을
위함이요 하나님의 아들이 이로 말미암아 영광을 받게 하려 함이라"라고
대답한다(11:4). 곧 예수의 대답은 요한복음 9:3의 견해와 유사하게 나사
로를 통해 하나님께서 하시는 일을 나타내려 한다는 것이다.[51] 11:5는 예
수가 본래 마르다와 그 동생 마리아와 나사로를 사랑했음을 밝힌다. 여기
서 사랑이라고 번역된 동사는 '아가파오'(ἀγαπάω)다. '아가파오'는 "숭고
한 신적인 사랑"을 의미한다.[52] 이렇듯 요한은 사랑이라는 단어를 사용할
때 11:3의 '필레오'와 11:5의 '아가파오'처럼 두 동사를 전혀 차이를 두지
않고 사용하고 있다.[53]

예수는 심지어 나사로를 "친구"(φίλος)라 칭하기까지 한다(11:11). 그
런 나사로가 병들어 죽은 것이다(11:6, 11). 요한복음에서 예수의 제자들
은 "종"(δοῦλος)이 아니라 예수의 친구라 칭해진다(15:14-15). 예수의
친구는 많은 의미를 담고 있다. 예수의 친구는 예수의 사랑을 받으며 예
수가 명하는 대로 행하고, 예수가 하나님께 들은 것을 다 알 수 있는 위치
에 있다(참조 15:13-15). 곧 예수의 친구는 예수에게 속한 사람이다.[54] 예

---

50 김문현, "요한복음 21장 15-23절 내러티브 읽기," 『신약논단』 23/3 (2016), 720.

51 Beasley-Murray, 『요한복음』, 405.

52 김문현, "요한복음 21장 15-23절 내러티브 읽기," 720.

53 F. F. Bruce, 『요한복음』(The Gospel of John, 서문강 역, 서울: 로고스, 2009), 76.

54 요한복음에서 제자들은 예수의 친구이다(15:14-15). 심우진은 요한복음에서 세상에 속한 '가
    이사의 친구'와 예수에게 속한 '예수의 친구'가 대조되고 있음을 지적하며, 요한이 예수의 제자
    개념을 열어놓음으로써 요한복음을 읽는 독자들에게도 "예수의 친구가 될 수 있는 가능성"을
    제공함을 설득력 있게 주장한다. 심우진, "가이사의 친구와 예수의 친구," 41-65.

수의 친구는 예수에게서 받은 사랑을 서로 간의 사랑을 통해 나타내는 존재이다(13:35; 17:21). 예수를 인식하지 못한 세상은 제자들의 사랑을 통해, 예수가 하나님이 보내신 분임을 인식하게 되는 것이다(17:21-26).

11:5-7을 통해서도 알 수 있듯, 예수는 자신의 친구들인 나사로와 그의 누이들인 마르다와 마리아에 대한 사랑 때문에 예루살렘에서 심각한 위험에 직면하게 됨에도 불구하고(10:39; 11:53), 예루살렘으로 다시 돌아가는 것이다. 곧 예수의 나사로 가족 한 명 한 명에 대한 사랑이 다시 유대로 향하는 동기였다.[55] 제자들은 유대인들이 자기 자신을 하나님이라고 하는 예수를 "신성모독"한다고 하며, 돌로 치려 한 적(10:22-33)이 있었기 때문에 "유대로 다시 가자"라는 예수의 말에 반대한다(11:8).[56] 유대는 성육신한 예수의 말씀(ὁ λόγος τοῦ᾽Ιησοῦ)을 통해 하나님의 영광이 나타나기 시작한 곳이며, 예수가 십자가에 못 박혀 죽은 곳이기도 하다.[57] 곧 예수의 유대 예루살렘으로 향함은 자신의 위험까지도 기꺼이 감수하게 하는 친구 간의 마음 깊은 '정'으로 이해할 수 있다.

11:8-9에서 예수는 낮에 다니는 것과 밤에 다니는 것을 빛을 보는 것과 빛이 없는 것으로 은유하여, 낮에 속한 자신의 행동에 대해 정당화한다. 예수는 "하나님의 뜻 가운데 나사로를 살릴 중요한 임무"가 있는 것이다(참조 4:34; 5:30; 6:38-40).[58] 나사로를 살리는 것에 대해 예수는 제자

---

55   유태엽, "나사로 이야기(요 11:1-45)와 제자직," 88.

56   요한복음의 유대인들에 관하여 다음을 참고하라. R. A. Culpepper, *Anatomy of the Fourth Gospel: A Study in Literary Design* (Philadelphia: Fortress Press, 1987), 125-32.

57   Bruce, 『요한복음』, 80.

58   김동수, 『요한 신학 렌즈로 본 요한복음』(서울: 솔로몬, 2006), 149.

들에게 잠에서 깨운다는 비유(11:11)를 사용한다(참조 고전 15:6; 살전 4:14).[59] 제자들은 예수의 말을 이해하지 못하여, 나사로가 죽은 것이 아니라 잠들어 쉬고 있다고 생각한다(11:12-13). 이에 예수는 제자들에게 나사로가 죽었음을 명확히 한다(11:14). 예수는 제자들에게 죽은 나사로에게 가서 그를 살리는 것을 통해 "자신이 죽은 자도 살리는 표적을 행하는 자임을 계시"하여 믿게 하려는 것이다(11:15).[60] 그러나 제자들은 "우리도 주와 함께 죽으러 가자"라는 도마의 고백을 통해 알 수 있듯, 이와 같은 예수의 말과 행동을 계속해서 이해하지 못하고 있다(11:16). 제자들은 예수께서 죽은 자 가운데서 살아나신 영광을 얻으신 후에야 비로소 예수를 이해하게 된다(참조 2:22; 12:16).

2) 요한복음 11:17-44

예수의 부재 동안 나사로는 죽어 무덤에 묻히게 되었다(11:17). 예수는 베다니로 가서 마르다를 만난다(11:20). 마르다는 예수의 병 고치는 능력을 확신하여 예수에게 "주께서 여기 계셨더라면 내 오라버니가 죽지 아니하였겠나이다"라고 말한다(11:21). 그리고 마르다는 "그러나 나는 이제라도 주께서 무엇이든지 하나님께 구하시는 것을 하나님이 주실 줄을 아나이다"라고 말하며, 예수에 대한 믿음을 드러낸다(11:22). 이에 예수는 "네 오라비가 다시 살아나리라"라고 말하며 마르다에게 확신을 준

---

59   김동수, 『요한 신학 렌즈로 본 요한복음』, 149.

60   김동수, 『요한 신학 렌즈로 본 요한복음』, 149.

다. 계속해서 예수는 "나는 부활이며 생명이니 나를 믿는 자는 죽어도 살 겠고 무릇 살아서 나를 믿는 자는 영원히 죽지 아니하리니 이것을 네가 믿느냐"라고 말한다(11:25-26).

이 말을 통해 예수는 "부활이며 생명"인 자신의 신적 정체성에 대해 마르다에게 인식시킨다. 동시에 예수는 부활의 희망을 미래에서 현재로 바꾸며, 그녀의 믿음을 촉구하는 것이다.[61] 믿음은 개별적이다. 마르다는 "주여 그러하외다 주는 그리스도시요 세상에 오시는 하나님의 아들이신 줄 내가 믿나이다"라고 자신의 믿음을 예수에게 고백한다(11:27).[62] 예수에게는 "부활"과 "영생"(참조 3:15; 4:14; 5:24)의 주체인 자신과 어떤 관계를 맺고 있느냐가 생명이 살아 있느냐 죽어 있느냐보다 중요함을 알 수 있다.[63] 나사로를 살리는 예수를 믿는 것은 육체적인 "생명의 경계를 극복하고, 예수를 통해서 영원한 생명의 차원"으로 들어가는 "위대한 사건"이기 때문이다.[64]

마르다와의 만남 후에 예수는 마리아를 만난다(11:28-31). 마리아는 예수에게 "주께서 여기 계셨더라면 내 오라버니가 죽지 아니하였겠나이다"라고 말하며 애통해 한다(11:32). 예수는 마리아가 우는 것과 또 함께 온 유대인들이 우는 것을 보고 심령에 비통히 여기며, 눈물을 흘린다(11:33-35). 이 부분에서 요한은 예수의 감정을 특별히 강조한다(11:33,

---

61 R. A. Culpepper, *The Gospel and Letters of John* (Nashville: Abingdon Press, 1998), 186-87.

62 예수를 믿는다는 것은 예수의 이름뿐만 아니라, 예수의 전인격과 전생애를 믿는다는 것이다. D. A. Carson, *The Gospel according to John* (Grand Rapids: Eerdmans Publishing, 1991), 125; L. Morris, *The Gospel according to John* (Grand Rapids: Eerdmans Publishing, 1992), 99.

63 김동수, 『요한 신학 렌즈로 본 요한복음』, 151.

64 임진수, "나사로의 부활의 의미와 구원론," 『신약논단』 11/2 (2004), 380.

"심령에 비통히 여기시고 불쌍히 여기사"; 11:38, "다시 속으로 비통히 여기시며"). 헬라어로 '비통히 여기셨다'라는 동사(ἐμβριμάομαι)는 슬픔이나 분노, 화내는 강력한 감정을 표현할 때 사용하는 단어이다.[65] 인간과 같은 처지에서 예수는 죽은 나사로와 나사로의 죽음에 대해 애통해하는 사람들을 보고 매우 슬퍼하며, 눈물을 흘린 것이다.

눈물은 예수의 인간에 대한 사랑과 '정'을 알 수 있는 하나의 척도가 될 수 있다. 예수는 나사로뿐만 아니라 나사로를 사랑했던 사람들을 위하여 기꺼이 함께 눈물을 흘리며 우는 것이다. 바꿔 말하면 예수는 죽은 나사로, 나사로를 사랑했던 사람들에 대한 친밀하고 끈끈한 '정'이 있는 것이다. 이를 통해 브루스(F. F. Bruce)의 지적대로 영원한 "말씀"인 예수가 진실로 인간이 되었음을 더욱 명확히 알 수 있다.[66] 이에 유대인들이 "보라, 그를 얼마나 사랑하셨는가"라고 말한다. 유대인들은 이러한 예수의 행동을 통해 예수가 나사로를 얼마나 사랑했는지에 대해 알게 되는 것이다(11:36). 이 부분에서 간과할 수 없는 것은 인간과 친밀한 관계를 나누며, 소통하는 예수의 '정'의 마음일 것이다.

엄밀히 요한복음에서 사랑은 세상을 구원하시려는 하나님에게서 기원하고(1:14; 3:16; 12:47),[67] "'사랑한다'라는 단어(3:16; 5:20; 15:15)는 서로 간에 '관계를 나눈다'라는 의미를 지닌다."[68] 요한복음 11:1-44의 나사로의 죽음과 부활 이야기에서 친구를 향한 이러한 '사랑한다'라는 의미

---

65 최흥진, 『요한복음』, 194.

66 Bruce, 『요한복음』, 89.

67 문우일, "요한복음의 율법과 사랑," 208-209.

68 최흥진, 『요한복음』, 191.

는 계속되는 본문을 통해 더욱 구체화된다. 요한복음 15장을 통해 알 수 있듯, '사랑한다'라는 의미는 친구를 위하여 자기 목숨을 바치는 "더 큰 사랑"으로 확장되는 것이다(15:13; 17:12, 참조 3:16; 10:1-21; 13:1). 더욱이 앞부분 11:1-16에서 언급했듯이 예수와 그의 제자들인 예수와 "친구들 사이의 사랑을 말할 때 요한은 '필레오'와 '아가파오'를 혼용"한다.[69] 예수가 "사랑하신" 그 제자에 주목하면 이에 대해 명확히 할 수 있다 ('필레오': 20:2; '아가파오': 13:23; 19:26; 21:7).[70]

이 외에 요한복음에서 '필레오'를 사용하는 본문은 요한복음 5:20("아버지는 아들을 사랑한다"), 16:27("너희가 나를 사랑하므로 아버지께서 친히 너희를 사랑하신다") 등이 더 있다.[71] 따라서 요한복음에서 이러한 '사랑한다'의 의미는 인간 사이의 관계에서 마음을 나누는 한국적 정서인 '정'을 중심으로 하나님과 예수의 관계를 통해 더 풍성하게 인식되며 (5:20), 예수와 인간, 하나님과 인간의 관계로 확장될 수 있다(15:13-15; 16:27). 곧 요한 예수의 사랑은 우정에 기반을 둔 인간적 사랑인 '필레오'와 신적 사랑인 '아가파오'가 혼합되어 인간-예수-하나님과의 관계를 설명해 주는 "더 큰 사랑"을 통해 깊이 인식될 수 있다. 이미 언급한 상당히 설득력이 있는 앤 조의 주장대로 한국적 정서인 '정'은 필리아, 아가페의 차원을 모두 함축하고 있기 때문이다.[72]

예수는 마음으로 비통히 여기며 나사로의 무덤에 간다(11:38). 죽은

---

69   Bauckham, 『요한복음 새롭게 보기』, 129.

70   Bauckham, 『요한복음 새롭게 보기』, 129.

71   Bauckham, 『요한복음 새롭게 보기』, 129.

72   Anne Joh, "The Transgressive Power of Jeong," 152, 156.

지가 이미 나흘이 지나 나사로의 시체에서는 썩은 냄새가 나고 있었다 (11:39). 예수는 무덤에 함께 온 마르다에게 "내 말이 네가 믿으면 하나님의 영광을 보리라 하지 아니하였느냐"라고 한다(11:40). 이는 나사로를 통해 하나님께서 하시는 일을 나타내려 한다는 것과 예수에 대한 믿음을 가질 때 "내세에서뿐만 아니라 현세에서도 부활할 소망이 있다는 것 (11:25-26)이 전제"되어 있는 것이다.[73] 11:41-42에서 예수는 하나님께 감사 기도를 하며, 죽은 나사로를 살리는 것은 사람들로 하여금 하나님이 자신을 보내신 것을 믿게 하려 함이라고 말한다. 나사로는 예수에 의해 일어나게 된다(11:43-44). 곧 예수가 큰 소리로 나사로를 부르자, 나사로가 무덤에서 수족을 베로 동인 채로 나왔다. 예수는 "풀어 놓아 다니게 하라"라고 말한다.[74]

이와 같은 나사로의 일어남은 생명을 주는 예수를 강조하는 요한의 고백의 일환이다.[75] 동시에 나사로의 일어남은 요한 독자들의 "죽음과 절망의 현실"에서 "위안과 희망, 그리고 도전"으로서 받아들여질 수 있다.[76] 독자들은 "나사로와 동일시됨으로써 자신들의 부활을 '현재화'"할 수 있기 때문이다(11:25-26).[77] 예수는 아무런 조건 없이 나사로를 살려주며 다시 생명을 준 것이다. 요한복음 5장을 통해 알 수 있듯, 하나님은 예수에게 죽은 자를 일으켜 살리는 권세를 주셨다(5:21). 죽은 자는 예수의 음성

73   김동수,『요한 신학 렌즈로 본 요한복음』, 153.

74   예수에 의해 살려진 나사로는 그것으로 인해, 유대인들의 살해 위협을 받게 된다(12:10).

75   Culpepper, *The Gospel and Letters of John*, 188-89; 임진수, "나사로의 부활의 의미와 구원론," 372-73.

76   유태엽, "나사로 이야기(요 11:1-45)와 제자직," 97.

77   유은걸, "요한복음의 종말론,"『신약논단』19/1 (2012), 195-96.

을 듣고, 살게 될 것이다(5:25). 하나님 속에 생명이 있음같이 아들인 예수 속에도 생명이 있다(5:26). 요한은 요한복음 서론에서도 '로고스'인 예수(1:18)[78] 안에 생명이 있다고 강조하는데, 그 생명은 "사람들의 빛"이고, "각 사람에게 비추는 빛"이다(1:4, 9). 곧 '로고스'인 요한의 예수는 "사람을 사람답게 하는 '인간 본성' 또는 '사람 됨'과 관계가 있다."[79] 따라서 예수가 나사로를 살린 표적은 세상에 생명을 주는 자로서 예수 자신을 드러내는 역할을 한다.[80] 예수는 '부활이며 생명'(11:25)인 자신의 신적 정체성을 나사로를 사랑하는 마음인 '정'의 마음으로, 나사로를 다시 살리시는 행위를 통해 드러내는 것이다. 나사로 이야기는 예수의 신성과 인성을 동시에 완벽하게 입증하고자 하는 요한의 신학적인 의도가 내포되어 있다고 할 수 있다.[81] 독자들은 나사로 이야기를 통해 예수의 정체성에 대해 더 명확히 알게 되는 것이다.

더욱이 나사로의 죽음과 부활은 요한 내러티브 안에서 "그 자체를 넘어서 다른 무엇"을 가리킨다 할 수 있다(11:4).[82] 이 위대한 표적이 예수에 대한 적개심을 불러일으켜 음모에 빠뜨리는 동인(11:45-53)으로 연결되어, 결국은 예수의 죽음으로 이어지게 되기 때문이다.[83] 요한도 본문을 통해 나사로 이야기의 목적이 예수 자신의 죽음임을 직접 언급한다

---

78 로고스 기독론에 관하여 다음을 참고하라. P. M. Phillips. *The Prologue of the Fourth Gospel: A Sequential Reading* (New York: T&T Clark, 2006).

79 문우일, "요한복음 로고스 개념에 대한 철학적 고찰,"『신약논단』 20/2 (2013), 352.

80 최흥진,『요한복음』, 190.

81 유태엽, "나사로 이야기(요 11:1-45)와 제자직," 86.

82 김득중,『요한의 신학』, 115.

83 Donald Senior,『요한이 전하는 예수의 고난』, 38.

(참조. 11:8-9, 16, 46-53). 나사로의 죽음과 부활 이야기는 예수 자신의 죽음과 부활 이야기와 대칭을 이루게 되는 것이다. 요한복음 전반부는 나사로의 부활 이야기로 끝나고, 후반부는 예수의 부활 이야기로 끝난다.[84] 스몰리(S. Smalley)도 나사로의 부활과 예수의 부활 간의 평행성을 지적했다.[85] 이렇듯 나사로 이야기는 예수의 죽음과 부활을 암시하며, 예수의 '정'의 마음이 친구를 위하여 자기 목숨을 버리는 예수의 "더 큰 사랑"(15:13)으로 보다 구체화될 것을 예증(例證)해 준다.

---

84   김득중,『요한의 신학』, 113.

85   S. Smalley, *John-Evangelist and Interpreter* (Manchester: The Paternoster Press, 1978), 183; 김득중,『요한의 신학』, 114에서 재인용.

IV.
나가면서

본 연구는 예수와 인간과의 친밀한 관계 안에 사랑으로 표현되고 있는 한국인의 '정'의 정서를 찾아, '정'이라는 시각과 접목하여 요한복음을 해석하려는 하나의 시도였다. 이와 같은 시도는 지금까지 나사로 이야기를 특정한 신학적 주제와 구조에 집중했던 기존의 해석과 달리 한국인 고유의 정서를 중심으로 요한복음을 더욱 온전히 이해하게 하는데 일조(一助)할 수 있었다. 또한, 예수 안에 '정'의 마음이 이미 내재해 있음을 명확히 할 수 있었다. 1세기 팔레스타인 땅에서 인간으로 활동했던 요한 예수와 인간과의 친밀한 관계를 보여주는 요한복음 11:1-44의 나사로 이야기는 예수의 사랑과 눈물을 통해 한국인 고유의 정서인 '정'과 연결되어 요한

이 의도했던 예수의 "더 큰 사랑"(15:13)을 독자들에게 각인시키고 있다. 친구를 위하여 자기 목숨을 버리는 "더 큰 사랑"은 서로 간의 관계에서 마음을 나누는 한국적 정서인 '정'에 기반을 두고 있다고 할 수 있다. 바꿔 말하면 요한복음에서 사랑과 대등한 관계에서 설명될 수 있는 '정'의 정서는 나사로 이야기를 중심으로 예수와 인간, 하나님과 인간의 관계를 통해 더욱 구체화되고 있는 것이다(11:1-44; 15:13-15; 16:27). 이렇듯 요한복음의 나사로 이야기는 인간과 친밀한 관계를 바탕으로 한 예수의 사랑을 한국인 고유의 정서인 '정'으로 해석할 수 있는 신학적 근거를 제공하여, 요한복음의 신학적 깊이를 더해준다. 나사로 이야기는 한국적 정서인 '정'으로 소통하는 예수, '정'으로 소통하는 하나님에 대해 염두에 둘수 있는 신학적 근거를 제공해 주는 것이다. 요한복음의 나사로 이야기의 가치와 의미가 여기에 있다.

참고문헌

구미정. 『한 글자로 신학 하기』. 서울: 대한기독교서회, 2007.

김동수. 『요한 신학 렌즈로 본 요한복음』. 서울: 솔로몬, 2006.

김득중. 『요한의 신학』. 서울: 컨콜디아사, 1994.

김문현. "요한복음 21장 15-23절 내러티브 읽기." 『신약논단』 23/3 (2016): 687-726.

김성규 외. "브랜드 정(情)과 브랜드 자산 구성요인과의 관계." 『경영연구』 25/2 (2010): 197-228.

김정두. "사랑, 사랑의 신학 그리고 한국인의 정." 『한국조직신학논총』 40 (2014): 275-312.

김우룡. 『커뮤니케이션 기본이론』. 서울: 나남출판, 1998.

문우일. "요한복음의 율법과 사랑." 『Canon & Culture』 7/1 (2013): 191-218.

_____. "요한복음 로고스 개념에 대한 철학적 고찰." 『신약논단』 20/2 (2013): 339-69.

심우진. "가이사의 친구와 예수의 친구." 『신약논단』 16/1 (2009): 41-65.

최명민. "한국인의 정(情)을 고려한 정신보건사회복지 실천방법 모색." 『정신보건과 사회사업』 30 (2008): 356-84.

최상진. 『한국인의 심리학』. 서울: 학지사, 2011.

최흥진. 『요한복음』. 서울: 한국장로교출판사, 2006.

유은걸. "요한복음의 종말론." 『신약논단』 19/1 (2012): 171-201.

유태엽. "나사로 이야기(요 11:1-45)와 제자직." 『신약논단』 19/1 (2012): 71-103.

이규태. 『한국인의 정서 구조 2: 인정·흥·신바람』. 서울: 신원문화사, 1999.

이동근. "효과적인 설교를 위한 정서연구: 한국인의 정서를 중심으로." 신학박사 학위논문. 총신대 목회신학전문대학원, 2017.

이어령. 『신한국인』. 서울: 문학사상사, 2000.

임진수. "나사로의 부활의 의미와 구원론." 『신약논단』 11/2 (2004): 355-83.

임태섭. 『정, 체면, 연줄 그리고 한국인의 인간관계』. 서울: 도서출판 한나래, 2002.

Joh, Wonhee Anne. "The Transgressive Power of Jeong: A Postcolonial Hybridization of Christology." *Postcolonial Theologies: Divinity and Empire*. Edited. by Catherine Keller, Michael Nausner & Mayra Rivera. St. Louis: Chalice Press, 2004: 149-63.

Bauckham, R. 『요한복음 새롭게 보기』. *Gospel of Glory*. 문우일 역. 서울: 새물결플러스, 2016.

Beasley-Murray, G. R. 『요한복음』. *John* 1-21. 이덕신 역. Word Biblical Commentary 36. 서울: 솔로몬, 2001.

Brown, R. E. *The Community of the Beloved Disciple: The Life, Loves and Hates of an Individual Church in New Testament Times*. New York: Paulist Press, 1979.

Bruce, F. F. 『요한복음』. *The Gospel of John*. 서문강 역. 서울: 로고스, 2009.

Carson, D. A. *The Gospel according to John*. Grand Rapids: Eerdmans Publishing, 1991.

Culpepper, R. A. *Anatomy of the Fourth Gospel: A Study in Literary Design*. Philadelphia: Fortress Press, 1987.

_____. *The Gospel and Letters of John*. Nashville: Abingdon Press, 1998.

Donald Senior, C. P. 『요한이 전하는 예수의 고난』. *The Passion of Jesus in the Gospel of John*. 박태원 역. 서울: 분도출판사, 2014.

Hillmer, M. "They Believed in Him: Discipleship in the Johannine Tradition." *Patterns of Discipleship in the New Testament*. Edited. by R. N. Longenecker. McMaster New Testament Studies. Grand Rapids: Eerdmans, 1996: 77-97.

Kysar, R. *Preaching John*. Minneapolis: Fortress Press, 2002.

Lindars, B. *The Gospel of John*. NCB. London: Marshall, Morgan & Scott, 1972.

Morris, L. *The Gospel according to John*. Grand Rapids: Eerdmans Publishing, 1992.

Myers, D. G. *Theories of emotion*. NY: Worth Publishers, 2004.

Phillips, P. M. *The Prologue of the Fourth Gospel: A Sequential Reading*. New York: T&T Clark, 2006.

Smalley, S. *John-Evangelist and Interpreter*. Manchester: The Paternoster Press, 1978.

부록 2

요한복음 21:1-19 다시 읽기:
예수의 '정'(情)을 중심으로

요한 문헌은 하나님의 본성을 사랑으로 규정한다(요 3:16; 12:47; 요일 4:8, 16). 본 연구는 요한 문헌 가운데 하나인 요한복음에 나타난 하나님의 사랑의 일부분을, 한국인의 정서와 가치인 '정'(情)을 통해 이해해 보고자 한다. 이를 위해 요한복음 21장 1-19절의 예수와 제자들 사이의 깊어진 관계를 중심으로 한국적 시각에서 해석학적 접근을 시도한다. 특히 한국적 '정' 개념을 세분화하여, '정'이 깊이 든 관계를 표현하는 '미운 정'과 '고운 정'에 초점을 둔다. 이와 같은 토착적 성서해석 방법은 하나님의 사랑을, 예수의 제자들에 대한 인간적 마음가짐에 집중하게 하여 하나님과 예수, 예수와 제자들, 예수와 요한공동체가 하나 되는 긴밀한 상호관계를 더욱 친근하고 구체적으로 이해하게 한다. 또한, 사랑을 '정'과 비교함과 비교됨의 상호연관 관계를 통해 더 깊이 이해하게 한다. 요한복음 저자가 21장 1-19절을 통해 궁극적으로 의도한 예수의 본을 따른 사랑함과 목양의 사명 감당에 내재한 의미가, 한국적 깊은 '정'의 마음 씀(마음 써주기)과 유사하면서도 그것을 포괄하는 것임을 확인할 수 있다. 요한의 예수는 "독특한 한국인의 사랑 개념"인 깊어진 '고운 정'으로 '미운 정'까지 포용하며, 자신과의 '정'을 저버리고 배반한 제자들에게 먼저 다가가 부르시며 끌어안는 모습을 보여준다. 특히 예수는 자신을 세 번이나 부인(否認)하며 저버렸던 베드로와 '미운 정 고운 정'의 마음을 나누는 참다운 '정'의 관계를 통해 진정한 '정'의 본형을 제시한다. 나아가 미우나 고우나 한 사람을 포기하지 않고, "끝까지" 아껴야 하는 목양의 본질을 제시한다. 이와 같은 예수의 지극한 '정'의 마음과 행위가 예수를 통해 하나님을 만나게 한다. 동시에 예수의 제자로서의 삶이 어떠해야 하는지에 대한 올바른 깨달음을 유도하고 있다.

주제어

요한복음 21:1-19, 관계, 고운 정, 미운 정, 마음

Ⅰ.
서론

'정'(情)은 가장 한국인다운 정서로 여겨진다.[1] 한국인은 인격체 서로 간의 관계 속에 '정'이 배어 있다.[2] 한국인은 서로 간의 깊은 관계를 "'미운 정 고운 정' 다 들었다는 말로 표현한다."[3] 그런데 요한 문헌 가운데 하

* "이 논문은 2020년 12월 「장신논단」 52-5에 이미 게재된 것으로, 장신대출판부의 허락을 얻어 다시 게재한다."
* 이 논문은 2019년 대한민국 교육부와 한국연구재단의 지원을 받아 수행된 연구임 (NRF-2019S1A5B5A07104581)

1 한자어 '정'(情)은 "마음과 마음을 밀접하게 연결하는 어떤 과정의 기원을 보여준다." Wonhee Anne Joh, "'정'(情)의 여성신학: 재미한국인의 관점에서,"『한국여성신학』 57 (2004. 7), 84.

2 김정두, "사랑, 사랑의 신학 그리고 한국인의 정,"『한국조직신학논총』 40 (2014), 295.

3 최상진 외, "정의 심리적 구조, 행위 및 기능 간의 구조적 관계 분석,"『한국심리학회지: 사회 및 성격』 14-1 (2000. 3), 203.

나인 요한복음에서 서로 간의 '관계를 나눈다'라는 의미를 지닌 것은 '사랑한다'라는 단어다(요 3:16; 5:20; 15:15).[4] 이러한 '사랑한다'의 의미는 서로 간의 친밀한 관계에서 마음을 나누는 한국적 '정'을 중심으로 더 깊고, 풍성하게 인식될 수 있다. 요한복음 전체에서 간과할 수 없는 것은 하나님이 세상(κόσμος)을[5] 사랑하신 마음을 예수와 개개인과의 관계를 통해 보여주는 것이고, 하나님이 자신을 예수의 인격 속에 계시하신다는 것이다(요 1:18; 3:16; 10:30; 12:47; 20:28).[6] 더욱이 요한복음에서 신론과 기독론, 그리고 인간론이 밀접하게 연결되어 서로를 비춰주고 있다(요 10:30, 35; 17:21-23).[7] 이와 같은 내용을 골자(骨子)로 한국적 정서인 '정'을 서로 간의 관계가 좋을 때 드는 '고운 정'과 관계가 좋지 않을 때 드는 '미운 정'으로 세분화하여, 요한복음에 나타난 하나님의 사랑의 일부분을 재해석하고자 한다.[8]

이를 위해 요한복음 마지막 장인 21장을 살펴볼 것이다.[9] 21장은 요

---

4   최흥진, 『요한복음』(서울: 한국장로교출판사, 2006), 191.

5   요한복음에서 세상은 78회 사용된다. 요한복음에서 세상은 이방인들까지 포함하기에 유대인들보다 더 포괄적 의미다. 서중석, 『요한복음 해석』(서울: 대한기독교서회, 2012), 260-61. 헬라어 사용은 다음 규정에 근거한다. BWHEBB, BWHEBL, BWTRANSH [Hebrew]; BWGRKL, BWGRKN, and BWGRKI [Greek] PostScript Type 1 and TrueType fonts Copyright ©1994-2015 BibleWorks, LLC. All rights reserved. These Biblical Greek and Hebrew fonts are used with permission and are from BibleWorks (www.bibleworks.com).

6   Ferdinand Hahn, *Theologic des Neuen Testaments* Ⅰ, 김문경 외 공역, 『신약성서신학 Ⅰ』(서울: 대한기독교서회, 2000), 675; 인성을 가진 요한의 예수는 세상에서 하나님의 계시자(요 1:18)로서 하나님을 상징한다. Luke Timothy Johnson, *Living Jesus: Learning the Heart of the Gospel* (SanFrancisco: HaperSanFrancisco, 1999), 183.

7   서중석, 『요한복음 해석』, 153-67.

8   성서에는 하나님의 사랑이 서로 다른 방식으로 묘사되어 있다. 이에 대해 다음을 참고하라. D. A. Carson, *The Difficult Doctrine of the Love of God* (IL: Crossway, 2000).

9   요한복음 21장을 역사비평 학자 가운데 브로디(T. L. Brodie)는 후대에 첨가된 부록으로 본다.

한의 예수가 죽음을 통해 세상을 향한 하나님의 사랑을 실현하고, 디베라 호수에 다시 나타나 제자들과 대화하며 목양의 사명을 당부하는 내용이 나오는 부분이다. 이 부분은 요한복음 전체 내러티브에서 예수와 제자들 사이의 지속적인 관계성, 시간성의 측면에서 깊어진 관계의 절정으로 상정할 수 있다. 나아가 이 부분은 요한복음 저자가 유대교 회당으로부터 출교와 박해로 인한 갈등과 위기의 정황에서(요 9:22; 12:42; 16:2), 과거의 '예수 이야기'를 현재 자신이 속한 공동체(이하 요한공동체)의[10] 담론과 관련지어, 자신들의 정체성과 역할을 예수와의 긴밀한 관계 속에 규명해 가며 마무리하는 부분이기 때문이다. 본 연구는 이 부분 가운데 요한복음 21장 1-19절을 중심으로 예수와 제자들 간의 깊어진 관계에 대해, 한국적 시각으로 해석학적 접근을 시도할 것이다.[11] 곧 한국적 '정' 개념을

T. L. Brodie, *The Gospel According to John: A Literary and Theological Commentary* (Oxford: Oxford University Press, 1993), 574. 반면 문학비평 학자 가운데 탈버트(C. H. Talbert)는 요한복음의 저작 후기(epilogue)로 본다. C. H. Talbert, *John: A Literary and Theological Commentary on the Fourth Gospel and the Johannine Epistles* (New York: The Crossroad Publishing Company, 1992), 248-64. 21장의 단어나 문체, 문법, 구조가 요한적임을 볼 때에 원래의 본문으로 상정할 수 있다. 최흥진, 『요한복음』, 289.

10　요한복음 배후의 공동체를 요한공동체로 상정할 수 있다. 요한공동체의 기원에 관한 연구는 다음을 참고하라. J. L. Martyn, *The Gospel of John in Christian History* (New York: Paulist Press, 1979); R. E. Brown, *The Community of the Beloved Disciple* (New York: Paulist Press, 1979). 요한공동체의 변화과정 및 여러 집단들에 대해서는 다음을 참고하라. U. C. Von Wahlde, *The Gospel and Letters of John* (MI: Eerdmans, 2010).

11　한국적 정서와 가치인 '정'과 연결지은 토착적 성서해석 방법은 그동안 성서 해석자들에게 많이 주목받지 못했다. '정'을 여성신학과 연결한 앤 조(W. Anne Joh)와 최유진의 연구, '정'을 실천신학과 연결한 구미정의 연구, 몰트만(Jürgen Moltmann)의 사랑의 하나님 혹은 공감의 하나님 이해를 중심으로 '정'을 연결지은 김정두의 연구가 간간이 있을 뿐이다. Wonhee Anne Joh, "'정'(情)의 여성신학: 재미한국인의 관점에서," 74-93; 최유진, "'정'(情), 하나님의 형상: 한국여성신학적 인간론," 『한국조직신학논총』 41 (2015), 267-303; "앤 조(Anne Joh)의 '정'(情)기독론과 삼위일체론적 고찰," 『한국조직신학논총』 32 (2012), 199-226; 구미정, "정(情)의 신학," 『기독교 사상』 50-1 (2006. 1), 170-81; Jürgen Moltmann, *Experiences in Theology: Ways and*

세분화하여 예수의 '미운 정'과 '고운 정'을 매개(媒介)로 요한복음 21장 1-19절 본문에 대한 주석을 하고, 1-20장의 내용과 21장의 상호작용 안에서 요한복음 저자의 궁극적 의도가 무엇인지 밝히고자 한다. 이와 같은 토착적 성서해석 방법은 하나님의 사랑을, 예수의 제자들에 대한 인간적 마음가짐에 집중하게 하여 하나님과 예수, 예수와 제자들, 예수와 요한공동체가 하나 되는 긴밀한 상호관계를 더욱 친근하고 구체적으로 이해하게 할 것이다.[12] 또한, 사랑을 "한국인이 추구해 온 이상적 가치"이기도 한 '정'과, 비교함과 비교됨의 상호연관 관계를 통해 더 깊이 이해되게 할 것이다.[13]

Forms of Christian Theology (Minneapolis: Fortress Press, 2000), 332-33; 김정두, "사랑, 사랑의 신학 그리고 한국인의 정," 275-312.

12   Andreas J. Köstenberger, *A Theology of John's Gospel and Letters*, 전광규 역, 『요한 신학』(서울: 부흥과 개혁사, 2015), 578-84.

13   고미숙, "도덕적 인간상으로서 정(情) 있는 인간 탐구," 『윤리교육연구』22 (2010. 8), 131.

II.
한국적 정서와 가치인 '정'(情) 이해

1. '정'(情)

'정'은 한국적 정체성을 반영한다.[14] 이러한 '정'을 분명하게 정의하기는 쉽지 않다. '정'은 "가족, 친구, 사제(師弟), 이웃, 동료 등의 개인적, 사회적 관계를 결속시키고 즉흥적 감성의 표상이 아니라 지속적 관계에서 나오는 누적적인 정서의 의미가 있다."[15] 가족주의, 고도의 집단주의 사회라

---

14   김정두, "사랑, 사랑의 신학 그리고 한국인의 정," 295.

15   김종덕 · 이은주, "한국적 정서를 반영한 TV 광고 캠페인의 기호학적 분석과 의미 변화," 『Archives of Design Research』 27-3 (2014. 8), 158.

고 할 수 있는 한국 사회에서[16] 한국인은 관계성, 시간성, 공간성을 바탕으로 이러한 '정'을 추구한다.[17] 최상진이 지적하듯 '정'은 고려 후기 문헌에 등장하는 것으로 보아, 오랜 역사성을 가지고 한국인 의식에 이어져 온 정서이다.[18] 한국인은 다른 사람에게 관심을 두고 도와주는 '정' 있는 모습과, 다른 사람을 이해하며 동정하는 "인정(人情) 많은 사람"을 이상적으로 생각한다.[19] 더욱이 '정'을 통해 다른 사람을 이해하며 다른 사람에게 관심을 두고 돕는 것은, 한국인의 삶과 사상을 이끌어온 어짊(仁)의 범주에 속하는 실천적 규범들이다.[20] 이런 점에서 한국인이 '정'을 중요시하는 전통은 우리 고유의 인(仁)[21] 사상이 오래전부터 이어져 내려온 결과라고 유추할 수 있다.[22] 한국인은 이러한 '정'을 통해 "사람을, 그 관계를, 상황"을 움직이며 성숙해 오고 있다.[23]

16   G. Hofstede, *Cultures and Organizations* (Berkshire: McGraw-Hill, 1991), 49-78.

17   김정두, "사랑, 사랑의 신학 그리고 한국인의 정," 300.

18   동국이상국집(東國李相國集) - 지리지(地理誌)에서 동명왕 편: 최상진 외, "미운 정 고운 정의 심리적 구조, 표현행위 및 기능분석," 『한국심리학회 학술대회 자료집』 1999-1 (1999. 6), 24에서 재인용.

19   최명민, "한국인의 정(情)을 고려한 정신보건사회복지 실천방법 모색," 『정신보건과 사회사업』 30 (2008. 12), 360.

20   고영건 · 김진영, "한국인의 정서적 지혜: 한의 삭힘," 『한국학』 28-3 (2005. 9), 280-81.

21   인(仁)은 다른 사람을 자신처럼 사랑하는 마음(仁者 愛之理)이라는 뜻을 담고 있다.

22   김익수, "우리 고유의 인(仁) 사상과 효 문화의 형성과 공자의 계승," 『청소년과 효 문화』 32 (2018. 12), 19-31.

23   안경순, "요한복음의 나사로 이야기-예수의 '정'(情)과 눈물을 중심으로," 『신약논단』 26-1 (2019. 3), 154.

1) '고운 정'

'정'의 심리적 속성은 일체감을 느끼게 해주고, 아껴주는 마음이 형성되며 허물없는 관계를 만들어준다.[24] 한국인은 서로 간에 "친해지고 가까워지는 관계가 형성되는 것을 '정이 든다'라는 말로 표현한다."[25] 최봉영은 이러한 '정'을 '우리'와 연결지어 다음과 같이 언급한다.[26]

> '나'와 '너'가 맺어져 '우리'의 세계를 구성하는 관계의 끈이 '정'이다. 따라서 '정'의 끈이 형성되지 않으면 '우리'의 세계가 만들어지지 않는다. … '우리'라는 '정'의 관계 속에 있는 '나'와 '너'는 상호부분적 관계에 있다. '나'와 '너'가 통체인 '우리'의 부분자로서 존재할 때, '나'와 '너'를 초월하는 '우리'의 세계가 존재하게 된다. … '정'의 내용은 '우리' 속에 있는 '나'와 '너'가 '정'을 주고받으며, 이룩한 '우리'로서의 정서적 공감대를 말한다.

특히 '고운 정'은 서로 간의 오랜 시간, '우리'의 관계 속에 긍정적으로 스며든 정서이다.[27] '고운 정'은 서로 간의 관계에서 상대를 배려하며, 다정다감한 점에서 사랑과 유사한 측면이 있다.[28] 사랑이 관계적 개념이요 움직이는 개념이듯, '고운 정'도 오랜 관계 속에 서서히 스며든다. 일반적

---

24 최상진 외, "미운 정 고운 정의 심리적 구조, 표현행위 및 기능분석," 25.

25 최상진 외, "정의 심리적 구조, 행위 및 기능 간의 구조적 관계 분석," 207.

26 최봉영, 『조선 시대 유교 문화』 (서울: 사계절, 2002), 268; 고미숙, "도덕적 인간상으로서 정(情) 있는 인간 탐구," 147에서 재인용.

27 이규태, 『한국인의 의식구조 4』 (서울: 신원문화사, 2000), 15.

28 고영건 · 김진영, "한국인의 정서적 지혜: 한의 삭힘," 281.

으로 서로 간의 관계에서 '정이 들었다'라고 말할 때 '고운 정'을 중심으로 일컫는 것이다.[29] 김종민은 일상생활에서 느끼는 '정', 좀 더 엄밀히 상대에게 무언가를 해주고 싶은 마음이 더 앞서는 '고운 정'에 대해 할머니의 손주 사랑, 어머니의 자식 사랑에 빗대어 설명하기도 한다.[30] 곧 '고운 정'의 본질은 상대를 가족처럼 아껴주는 마음을 기반으로 하는 것이다.[31] 이를 통해 '고운 정'이 사랑에 견주어지며, "독특한 한국인의 사랑 개념"으로 이해되는 데 더욱 유용함을 알 수 있다.[32] 한국인 서로 간에 '고운 정'을 주고받을 때, 사랑 그 이상을 함의한다고도 볼 수 있다.

2) '미운 정'

'미운 정'은 "십자가의 역설(죽음을 통해 얻게 되는 삶)"처럼 미움과 사랑을 모두 포괄하고 있다.[33] '미운 정'은 '고운 정'이 충만하여 서로 간의 관계가 너무 편하고, 가까울 정도로 관계성이 무르익을 때 생기는 것이다. 오규훈은 '정'에 관한 질적 연구를 통해 '미운 정'이 들게 되는 과정을 설득력 있게 설명한다. 곧 '정'은 내용상으로 감정적, 도덕적 측면 등이

29 최상진 외, "미운 정 고운 정의 심리적 구조, 표현행위 및 기능분석," 24.

30 김종민, "한국인의 정(情)의 정서를 통한 동일화된 설교 적용의 연구," (목회학박사 학위논문: 총신대 목회신학전문대학원, 2018), 28.

31 최상진, "한국인의 심정심리학: 정(情)과 한(恨)에 대한 현상학적 한 이해," 『한국심리학회 학술대회 자료집』 1993-3 (1993. 12), 5.

32 김정두, "사랑, 사랑의 신학 그리고 한국인의 정," 275.

33 R. Bauckham, *Gospel of Glory*, 문우일 역, 『요한복음 새롭게 보기』 (서울: 새물결플러스, 2016), 133.

있는데 각 측면이 초기 형성-발달-성숙 단계로 나누어진다고 한다.[34] '정'의 감정적 측면의 초기 형성 단계는 "따뜻함 혹은 친절함"으로 이루어지고, 관계가 지속되면 발달 단계에서는 "유대감"이 형성되며, 서로를 마음 가운데 깊이 받아들인다고 한다.[35] '정'의 감정적 측면의 성숙 단계는 "강한 유대감"과 함께 '미운 정'도 들게 되며, 그 관계성이 끊어지기가 쉽지 않다고 한다.[36] 또한, 오규훈은 '정'의 감정적, 도덕적 측면 등 여러 측면 가운데, '정'의 도덕적 측면이 가장 중요한 부분이라고 지적한다.[37] 오규훈은 다음과 같이 언급한다.[38]

> '정'의 도덕적 측면은 구체적으로 타인에 관한 관심, 타인 중심적 태도, 헌신, 희생적 행동 등으로 나타난다. 초기 단계에서는 상대에 대한 배려나 관심으로 나타나며 관계성이 계속되면서 발달 단계에서는 의사결정이나 선택에 있어서 상대의 입장을 고려해서 행동하게 된다. 그리고 성숙 단계에서는 상대를 위한 헌신이나 희생으로 나타난다.

'미운 정'이 들면 상대의 미운 점, 나쁜 점 등을 인식함에도 불구하고, 그 바탕에 상대에 대한 연민과 애착의 감정이 있어 상대에 대한 헌신이나 희생도 마다하지 않게 된다.[39] 곧 '미운 정'은 상대에 대한 부정적 모습과

---

34 오규훈, "한국인의 정(情)에 대한 고찰과 목회상담학적 함축성," 『장신논단』 21 (2004. 6), 288-90.

35 위의 논문, 289.

36 위의 논문, 289.

37 위의 논문, 289-90.

38 위의 논문, 290.

39 고미숙, "도덕적 인간상으로서 정(情) 있는 인간 탐구," 139.

상대와의 부정적 경험조차도 이해하고, 포용할 수 있는 감정을 갖게 되는 것이다.[40] 최상진은 '미운 정'에 대해 다음과 같이 언급한다.[41]

> 기대가 크면 실망도 크듯이 '정'이 깊으면 미움도 클 수 있는 이치인데 … 서운함이나 배신감, 실망이 그 자체로 관계의 파탄을 불러오는 '미움'과 같지 않고, '미운 정'으로 승화되는데 '정'의 독특성이 있다. 결국, 서로에 대한 실망도 '정'에서 나온 것이고 이후의 화해나 포용도 '정'에서 나온 것인데, 우리 속담에 '정에서 노염 난다'라는 말이 이 같은 맥락을 잘 설명한다.

더욱이 '미운 정'은 서로 간의 "강한 유대감"을 중심으로 상대를 향한 역정(逆情)까지 포함한다.[42] 곧 역정은 서로 간의 관계 회복의 희망이 있어 '정'이 남아있다는 것이다. 이렇듯 '미운 정'은 서로 간의 관계에서 자신에게 피해를 준 사람까지 안아주고, 감싸주며 역정도 품을 수 있게 한다. 서로 간의 보다 깊은 관계는 '고운 정'뿐 아니라 '미운 정'까지 들 때 형성되는 것이다.[43] 최상진도 '고운 정'뿐 아니라 '미운 정'까지 든 관계는 참다운 '정'의 관계이며, "미운 정 고운 정이 공존하는 정이야말로 진정한 '정'의 본형"이라고 지적한다.[44] 따라서 서로 간의 '미운 정'은 오히려 '정'을 더욱 공고히 하는 것이라 할 수 있다.

---

40   오규훈, "한국인의 정(情)에 대한 고찰과 목회상담학적 함축성," 289.

41   최상진 외, "정의 심리적 구조, 행위 및 기능 간의 구조적 관계 분석," 210.

42   구미정, "정(情)의 신학," 179.

43   최상진 외, "미운 정 고운 정의 심리적 구조, 표현행위 및 기능분석," 24.

44   위의 논문, 27.

III.
'정'(情)의 관점으로 요한복음 21장 1-19절 읽기

1. 요한복음 21장 1-19절에 드러난 예수의 '정'(情)

1) 제자들에게 먼저 다가가는 예수의 '고운 정'과 '미운 정'
(요 21:1-14)

요한복음 21장 1절은 예수가 부활 후 세 번째로 디베랴 호수에 나타난 것으로 시작하고 있다. 부활 후 예수는 첫 번째로 막달라 마리아에게, 두 번째로 제자들에게 나타났다(요 20:15, 19, 26).[45] 그리고 일곱 제자들(베드로, 도마, 나다나엘, 요한, 야고보, 이름이 밝혀지지 않은 두 제자)에게 다시 나타난 것이다.[46] 이는 예수가 자신을 저버린 제자들을 인간적으로 원망하거나 포기하지 않으며, 보다 깊은 관계로 나아가고자 했음을 짐작하게 한다. 곧 제자들을 향한 사랑의 마음이, 자신의 가장 위급한 상황에서 자신을 배신하고 떠나버린 제자들을 이해하게 하는 것이다(눅 23:34 참조). 베드로는 이 부분에서도 제자들의 대표로서 자리매김한다. 베드로는 제자들의 명단에 제일 먼저 나올 뿐 아니라 제자들을 앞서서 이끌며, 다른 제자들이 물고기 잡으러 가는 자신을 따르게 한다(요 21:2-3).[47] 제자들은 이 부분에서 구체적으로 언급되진 않지만, 낙심하며 자신의 행동들에 대한 죄책감 등을 가지고 고기를 잡고 있었다고 볼 수 있다. 그러나 자신들의 힘으로 아무것도 잡지 못한 상황이었다(요 15:5 참조). 바로 그때인 "날이 새어갈 때"에 예수가 부활한 몸으로 제자들에게 먼저 다가가는 것이다(요 21:1, 4).

제자들은 바닷가에 서 있는 예수를 알아보지 못했다(요 21:4). 이 부분에서 부각되는 제자는 예수가 사랑하는 그 제자($\tau\grave{o}\nu$ $\mu\alpha\theta\eta\tau\grave{\eta}\nu$ $\grave{o}\nu$ $\grave{\eta}\gamma\acute{\alpha}\pi\alpha$ $\acute{o}'I\eta\sigma o\hat{v}\varsigma$)와 베드로이다.[48] 예수는 제자들이 자신을 알아볼 수 있도록 "애

---

45 부활 후 나타난 예수는 제자들을 형제들이라고 부르기까지 한다(요 20:17). E. W. Klink III, *John* (Grand Rapids: Zondervan, 2017), 848.

46 비슬리 머리(G. R. Beasley-Murray)는 "그 수는 전체 제자들의 무리를 상징하며 더 나아가 모든 제자의 조직, 즉 교회를 상징하는 수"라고 한다. G. R. Beasley-Murray, *John* 1-21, 이덕신 역, 『요한복음』(Word Biblical Commentary 36; 서울: 솔로몬, 2001), 712.

47 김동수, 『요한 신학 렌즈로 본 요한복음』(서울: 솔로몬, 2006), 253.

48 김동수, "요한복음 에필로그," 『헤르메네이아 투데이』 26 (2004. 3), 92. 예수가 사랑하시는 그 제자와 베드로는 서로 다른 종류의 제자도(통찰력 있는 증언 vs. 적극적이고 행동하는 섬김)를

들아"(παιδία)라고 부른다(요 21:5).[49] 제자들은 눈으로 예수를 인식하지 못했지만, 친근한 예수의 음성을 통해 귀로 인식하게 되는 것이다. 예수는 밤새 아무것도 잡지 못한 제자들의 고단함과 절망감을 헤아려 주듯, 헬라어에서 부정적인 대답을 기대할 때 사용하는 '메'(μή)라는 부정어를 사용하여 "어떠한 고기도 가지고 있지 않지? 그렇지?"(μή τι προσφάγιον ἔχετε)라고 묻는다(요 21:5).[50] 그리고 예수는 "그물을 배 오른편에 던지라 그리하면 잡으리라"라고 말하며, 물고기 잡을 그물을 던지는 방향을 가르쳐 준다(요 21:6). 성서에서 오른편은 하나님의 도우심을 상징하기도 한다(출 15:6; 시 17:7; 118:16; 138:7; 행 2:33; 5:31 참조). 예수는 밤새 아무것도 잡지 못한 제자들을 위해 세밀한 관심과 돌봄을 보이는 것이다. 이와 같은 예수의 마음 씀(마음 써주기)은 상대에게 무언가를 해주고 싶은 마음이 더 앞서는 한국적 '고운 정'을 대변한다 할 수 있다.

예수의 말에 순종하여 제자들이 그물을 던지니, 많은 물고기가 그물에 걸리게 되었다(요 21:6). 이때 예수가 사랑하는 그 제자가 주님을 알아본다. 예수가 사랑하는 그 제자는 예수의 품에서 계시를 받을 만큼 가까우며(요 13:23, 25; 21:20), 예수와 "사랑"과 "따름"으로[51] 엮여 있는 친밀한

대표한다. R. Bauckham, *Jesus and the Eyewitnesses*, 박규태 역, 『예수와 그 목격자들』 (서울: 새물결플러스, 2015), 628-29.

49 παιδία는 호격으로 미국식으로는 boys나 guys에 해당한다. D. A. Carson, *The Gospel according to John* (Grands Rapids: Eerdmans, 1991), 679.

50 최홍진, 『요한복음』, 291.

51 요한복음에서 "따름"을 뜻하는 동사가 19번 사용된다. 그중 17번이 예수를 따르는 것과 관련되어 있다(요 1:37, 38, 40, 43; 6:2; 8:12; 10:4, 5, 27; 12:26; 13:36, 37; 18:15; 21:19, 20, 22). 김창선, "신약성서가 증거하는 '믿음(πίστις)'," 『장신논단』 44-4 (2012. 12), 96.

관계다(요 19:26-27).[52] 이 관계 속에서 요한복음의 제자도(discipleship) 가 가진 관계의 모습을 볼 수 있다.[53] 곧 하나님 아버지와[54] "'아버지 품에(εἰς τὸν κόλπον) 있는 독생하신 하나님(μονογενὴς θεὸς),' 예수 사이의 독보적 친밀성의 재현(요 1:18)"인 것이다.[55] 하나님의 아들일 뿐 아니라 하나님의 속성과 본질을 보여주는 예수와 친밀한 그 제자가 예수를 알아본 후, 베드로에게 "주님이시라"라고 알려준다(계 19:16 참조).[56] 베드로는 "주님"이라는 말을 듣고 겉옷을 두른 후, 예수를 만나기 위해 바다로 뛰어드는 것이다(요 21:7). 여기서 비록 부족했지만, 베드로에게 예수를 만나고 싶은 마음이 얼마나 간절했는지, 또한 베드로 성격의 한 단면을 짐작할 수 있다. 베드로 외에 다른 제자들은 작은 배를 타고, 물고기 든 그물을 육지로 끌어오고 있었다(요 21:8).

예수는 속 깊게도, 밤새 고기를 잡느라 지치고 배고팠을 제자들을 배려하며, 구운 생선(ὀψάριον)과 떡을 준비하여 손수 조반(아침상)을 차린다(요 21:9).[57] 이런 예수의 행위에는 자식을 위해 희생도 마다하지 않고 사랑을 주는 어머니처럼, 아껴주는 마음과 걱정하는 심정이 배어 있는 것이다. 여기서 특히 '아껴주는 마음'은 "극히 한국적 표현으로, '상대에 대한

---

52   안경순, "요한복음의 나사로 이야기-예수의 '정'(情)과 눈물을 중심으로," 158.

53   R. N. Longenecker, *Patterns of Discipleship in the New Testament*, 박규태 역, 『신약성경에 나타난 제자도의 유형』(서울: 국제제자훈련원, 2008), 180.

54   요한복음의 '아버지' 용어 사용을 통한 하나님 이해는 다음을 참고하라. 유지운, "요한복음의 하나님에 대한 퍼포머티브-내러티브 비평적 분석-'아버지'(πατήρ) 용어 사용을 중심으로," 『신약논단』 23-2 (2016. 6), 331-69.

55   문우일, "요한복음 저자의 신성한 익명성," 『신학과 사회』 33-2 (2019), 19.

56   김문현, "요한복음의 하나님에 대한 소고," 『신학과 선교』 53 (2018), 176-98.

57   구미정, "정(情)의 신학," 179.

깊은 관심쏟기', '상대의 어려움을 상대의 관점에서 이해하고 도와줌', '상대의 마음 상태에 대한 공감 및 지원' 등을 포괄하는 '대가족관계(對家族關係) 마음'이다."[58] 이를 통해 제자들을 향한 예수의 사랑이 얼마나 세심하고, 깊었는지 가늠할 수 있다. 예수에게 제자들 개개인은 하나님과 자신 사이의 친밀한 관계처럼, 서로 간에 마음을 나눌 수 있는 대상인 것이다(요 6:56; 10:14-15; 14:17, 20, 23; 15:1-10; 17:21-26 참조). 예수가 조반을 위해 해변에 준비한 숯불은 제자들 중 베드로에게는 예수가 십자가에 못 박히기 전날 대제사장의 집 뜰에서 타던 숯불을 떠오르게 하며(요 18:18), 동시에 예수를 부인(否認)했던 순간을 떠올리게 했을 것이다.[59] 베드로는 예수가 십자가에 못 박히기 전 끌려갔던 대제사장의 집 뜰에서, 문 지키는 여종이 "너도 이 사람(예수)의 제자 중 한 명이 아니냐"라고 물어보았을 때 "나는 아니라"라고 부인했기 때문이다(요 18:17). 예수는 이런 베드로마저 이해하고 포용해 주는 것이다.

베드로가 "지금 잡은 생선을 좀 가져오라"라는 예수의 말에, 그물을 육지에 끌어 올리니 153마리의 큰 물고기를 얻을 수 있었다(요 21:10-11).[60] 그리고 그물도 찢어지지 않았다. 제자들이 예수의 말에 순종하여

---

58 최상진, "한국인의 심정심리(心情心理): 한국인의 마음을 이해하기 위한 핵심개념," 『성곡논총』 31-1 (2000. 8), 481.

59 R. Bauckham, 『요한복음 새롭게 보기』, 269.

60 153마리의 숫자에 대해 김동수는 "예수가 바닷가에 나타난 사건이 역사적으로 정확한 사건이며, 이것에 대한 증언이 확실하다는 것을 말하는 것"이라고 주장한다. 김동수, "요한복음 에필로그," 93. 보컴(R. Bauckham)과 비슬리 머리는 제자들이 많은 물고기를 잡은 것은 세상을 향한 "기독교 선교의 확장과 보편성에 대한 상징"으로 추정한다. R. Bauckham, 『요한복음 새롭게 보기』, 272; G. R. Beasley-Murray, 『요한복음』, 719. 박호용은 153 숫자를 "게마트리아(Gematria)"로 해석했다. 박호용, "숫자 17과 큰 물고기 153 표적(요 21:11)의 의미," 『한국신학정보연구원』 13-1 (2019. 4), 230-60. 게마트리아는 고대 세계에서 중요한 의미를 지닌다.

잡은 이처럼 많은 물고기는 예수의 표적 가운데 "가나의 혼인 잔치에서 포도주의 풍성함"(요 2:1-10)과 한 아이의 소유를 통해 많은 무리를 먹이신 "보리 떡과 물고기의 풍성함"(요 6:9-13)과 일치된다(요 10:10 참조).[61] 이는 예수 안에 생명(영원한 생명)이[62] 있고, 예수가 그리스도임을 믿어 생명을 얻고 더 풍성히 얻도록 하는 요한복음 전체주제와 궤를 같이 하며,[63] 예수가 어떠한 상황에서도 "모든 불확실성을 제거하는 표식으로서의 역할"을 함을 강조하고 있다.[64]

예수는 제자들에게 "와서 조반을 먹어라"라고 말하며, 제자들을 한결같이 위해 준다(요 21:12a). 제자들은 예수가 주님인 줄 알았기 때문에 "당신이 누구냐"라고 묻지 않고, 침묵한다(요 21:12b). 제자들이 이 부분에서 침묵의 식사를 한 듯 여겨지는 것이다.[65] 예수는 준비한 떡과 생선을 제자들에게 나누어 준다(요 21:13). 이렇듯 제자들에게 먼저 다가가, 떡과 생선으로 조반을 차려주며 살뜰히 보살피는 예수의 모습은, 제자들을

R. Bauckham, "The 153 Fish and the Unity of the Four Gospel," *Neotestamentica* 36 (2002. 1), 77-88. 곧 박호용은 "21장과 1장의 관계 및 요한복음 전체에서 숫자 17(10 + 7)이 갖는 중요성과 그 의미"를 근거로 153 숫자(51(17+17+17) ×3)는 "기독교 복음의 핵심인 '십자가(17)와 부활(3)'을 담고 있으며, 나아가 제자도로서의 십자가의 길을 말하고 있다"라고 주장한다. 요한복음 21장 11절에서 예수는 제자들에게 이를 다시 상기시켜 주고 있다는 것이다. 박호용, "숫자 17과 큰 물고기 153 표적(요 21:11)의 의미," 234-53.

61 최흥진, 『요한복음』, 292.

62 요한복음에서 생명($\zeta\omega\acute{\eta}$)과 영원한 생명($\zeta\omega\acute{\eta}\ \alpha\grave{\iota}\acute{\omega}\nu\iota\sigma\varsigma$)은 같은 의미로 사용된다. C. H. Dodd, *The Interpretation of Fourth Gospel* (Cambridge: Cambridge University Press, 1980), 144.

63 (요 3:16; 5:24; 6:40, 51; 10:10; 11:25; 20:31).

64 Gary M. Burge, *John*, 김병국 역, 『요한복음』 (The NIV Application Commentary 4; 서울: 솔로몬, 2010), 752-53.

65 Mark W. G. Stibbe, *John* (England: Sheffield Academic Press, 1996), 213.

마음 가운데 깊이 받아들인 "강한 유대감"으로 제자들에 대한 인간적 서운함이나 배신감, 실망 등 미움의 감정을 '미운 정'으로 승화시킨 듯함을 보여준다.[66] 곧 이와 같은 예수의 마음 씀은 서로 간의 관계에서 오랜 시간 형성된 한국적 '정'의 감정적, 도덕적 측면의 성숙 단계에 나타나는 것들로 볼 수 있다. 한국적 깊은 '정'은 예수가 제자들에게 행했던 것처럼 상대를 가족처럼 아껴주며, 뭔가를 끌어안고 마음으로 모든 것을 받아들이려고 하는 것이기 때문이다.[67]

비록 예수가 직접 조반 먹는 것에 참여하지 않았더라도 제자들을 세밀히 살펴서 필요를 채워주며, 제자들과 마음을 나누는 무언(無言)의 대화를 시도했을 것이다. 비슬리 머리(G. R. Beasley-Murray)의 지적대로 이 조반은 "부활한 예수와 제자들 사이의 식사 교제"가 형성되었다는 것을 의미하기 때문이다.[68] 이를 통해 요한복음 저자는 자신을 부인하고 저버렸던 제자들과의 관계를 이어가고자 하는 '미운 정 고운 정'이 깊이 든 예수의 마음 씀을 제시하며, 요한공동체 개개인들을 예수를 구심점으로 서로 간에 더욱 하나가 되어, 이해하고 포용할 수 있도록 도모했다 할 수 있다.[69] 요한복음 21장 14절은 21장 1절 시작에서처럼, 예수가 제자들에게 "나타났다"라는 단어를 사용하여 예수의 살아남, 예수와 제자들과의 관계의 진정성을 다시 한번 강조하면서 끝맺고 있다.[70]

---

66 구미정, "정(情)의 신학," 176.

67 이어령, 『신한국인』(서울: 문학사상사, 2000), 176-77.

68 G. R. Beasley-Murray, 『요한복음』, 715.

69 예수의 제자들과 하나 됨의 관계 추구는 예수의 고별 기도(13-17장)에서도 이미 강조되었다.

70 김동수, 『요한 신학 렌즈로 본 요한복음』, 252.

2) 목양의 사명 부여에 내재한 예수의 '고운 정'과 '미운 정'(요 21:15-19)

이어지는 요한복음 21장 15절에서 예수는 베드로와 대화를 나눈다. 베드로는 예전에 예수와의 대화 가운데, 예수를 위하여 자기 목숨까지 버리겠다고 맹세했었다(요 13:37). 그런데 베드로는 자신의 목숨을 잃게 될까 봐 두려워, 자신의 의지를 담아 고백했던 그 약속을 어긴 것이다(마 26:35; 막 14:31; 눅 22:33 참조). 베드로가 예수를 세 번이나 부인할 당시, 예수는 이미 모든 것을 알고 있었을지라도(요 1:42; 2:25; 13:7; 16:30 참조) 자신이 택하여 세운 베드로를 용인(容認)하기 쉽지 않았을 것이다.[71] 그런데도 예수는 베드로의 심정을 공감하며 헤아려 주듯, 베드로와의 관계의 끈을 놓지 않는다. 예수는 베드로와의 관계의 훨씬 더 깊은 차원에서 베드로를 세우려 하는 것이다.

예수는 베드로에게 그동안의 다른 아무것도 묻지 않고, "네가 나를 사랑하느냐"라고 묻는다. 베드로는 이 물음에 "주님 그러하나이다"라고 대답한다. 이러한 묻고 답함이 세 번 이어진 후에, 예수는 베드로에게 자신이 양 떼를 위해 목숨을 내어주는 희생을 했듯(요 10:11, 15; 15:13), 자신처럼 양 떼를 위하는 삶을 살라고 당부한다. 여기서 양 떼는 "하나님의 백성 전체"라는 열린 의미이나, 직접적 의미는 예수에게 속한 "예수의 친구들"이다(요 13:1; 15:14-15; 17:12 참조).[72] 예수는 베드로와의 관계가 온전히 세워질 수 있도록 그동안의 허물과 죄를 용서하며, 앞으로의 삶에

71   Wonhee Anne Joh, "'정'(情)의 여성신학: 재미한국인의 관점에서," 87.

72   R. Bauckham, 『요한복음 새롭게 보기』, 131.

대한 방향성까지 제시하는 것이다. 이와 같은 예수의 언행은 이전의 제자들에 대한 예수의 언행과 연결되는 것이다. 마치 목자가 양을 세심히 배려하며 보살피듯, 자신의 과오(過誤)를 따스하게 품어주는 예수의 언행이 베드로에게는, 예수를 더욱 신뢰하며 따르게 되는 하나의 전환점으로 다가오게 되었을 것이다.[73] 이렇듯 '정'은 "'나'와 '너'가 맺어져 '우리'의 세계를 구성함"을 통해, 서로가 서로에게 마음을 쓰며 희생하여 서로를 성장하게 한다.[74]

더욱이 이 같은 예수의 마음 씀은 상대와의 오랜 관계 속에 깊어진 '고운 정'으로 인해, 상대에 대한 부정적 모습과 경험까지 '정'으로 이해하고 포용할 수 있는 한국적 '미운 정'의 의미와 가치도 설명해 줄 뿐 아니라, 이러한 예수의 마음 씀을 요한복음 저자가 요한공동체 개개인에게 권장하며, 서로 간에 이해하고 포용할 수 있는 요한공동체의 나아갈 방향과 방안도 제시하고 있다 할 수 있다(요 12:24-25; 15:13 참조). 요한복음 저자는 예수를 선한 목자로서 메시아(messias) 역할을 하는 자로 동시에 강조하며(요 1:41; 4:25; 사 53:6; 벧전 2:25 참조) 예수의 본을 따른 목양의 사명 감당이, 예수와 하나가 된 제자들에 의해 계속 이어지게도 하고 있기 때문이다.[75]

좀 더 자세히 요한복음 21장 15절부터 살펴보면, 조반 먹은 후에 예수는 베드로를 "요한의 아들 시몬아"라고 부른다. 예수의 이 부름은 베드

73　김창선, "신약성서가 증거하는 "믿음(πίστις)"," 96-97.

74　고미숙, "도덕적 인간상으로서 정(情) 있는 인간 탐구," 152.

75　H. C. Kee, *Who are the People of God?: Early Christian Models of Community* (New Haven: Yale University Press, 1995), 165-66.

로에 대한 그동안의 '고운 정'과 '미운 정', 앞으로의 기대를 다 함의하여 "베드로의 과거, 현재, 그리고 미래가 긴장되는 순간"을 말하고 있음을 알 수 있다.[76] 이어서 예수는 여전히 베드로를 사랑하는 자신의 마음을 담아, "네가 나를 사랑하느냐"라고 세 번 묻는다(요 18:15-18, 25-27 참조). 세 번 물을 때에 처음 두 번의 질문에서는 숭고한 신적인 사랑을 의미하는 ἀγαπάω를 사용하여 묻는다(예외: 딤후 4:10; 요일 2:15). 이에 베드로는 예수에게 두 번 모두 우정에 기반을 둔 인간적 사랑인 φιλέω를 사용하여 대답한다. 첫 번째 질문에서 예수는 베드로에게 이것들(τούτων)보다 나를 더(πλέον) 사랑하느냐고 묻는다(요 21:15). 이는 다음과 같이 세 가지로 번역될 수 있다. 첫째는 베드로에게 '다른 제자들이 나를 사랑하는 것보다 네가 나를 더 사랑하느냐?'이다.[77] 둘째는 베드로에게 '네가 나를 다른 제자들보다 더 사랑하느냐?'이다.[78] 셋째는 베드로에게 이것들이 물고기를 가리킨다고 상정하여, '지금 눈앞에 있는 물고기 153마리보다 나를 더 사랑하느냐?'이다.[79] 문맥상 첫째 의미가 가장 설득력이 있다(요 6:67-69; 13:36-38 참조).[80]

계속하여 ἀγαπάω를 사용하여 묻는 두 번째 질문을 지나, 세 번째 질

---

76 김문현, "요한복음 21장 15-23절 내러티브 읽기: 예수와 베드로의 친구 관계를 중심으로," 『신약논단』 23-3 (2016. 9), 690.

77 G. R. Beasley-Murray, 『요한복음』, 720.

78 F. J. Moloney, *The Gospel of John* (Collegeville: Liturgical Press, 1998), 559.

79 C. S. Keener, *The Gospel of John: A Commentary*, vol. 2 (Mass: Hendrickson, 2003), 1236.

80 Andreas J. Köstenberger, *Encountering John*, 김광모 역, 『요한복음 총론』 (서울: 크리스챤출판사, 2005), 322.

문에서 예수는 φιλέω를 사용하여 묻는다(요 21:17).[81] 이에 베드로는 다시 한번 φιλέω를 사용하여 대답한다. 이 부분에서 요한복음의 다른 부분에서처럼[82] 신적 사랑인 ἀγάπη와 인간적 사랑인 φιλια가[83] 의미상의 차이 없이 동의어로 혼용되어 사용되고 있다.[84] 곧 요한복음 전체에서 ἀγάπη와 φιλια가 의미상의 차이 없이 동의어로 혼용되어 사용되고 있다는 것은 하나님과 친밀한 관계에 있으며(요 1:1ab, 2, 15, 18), 개개인과 친밀한 교제를 나누었던 예수의 사랑을 예수와 제자들 사이의 '정'의 관계를 통해 이해해 볼 수 있는 여지를 제공해 주는 것이다.[85] 요한복음에서 ἀγάπη와 φιλια의 예수의 사랑은 친구(제자)를 위하여 목숨을 버리는 "큰 사랑"으로 귀결되었는데(요 15:13), 이러한 예수의 "큰 사랑"이 개개인에게 생명과 부활(요 11:25-26)을 소유하게 하며, 서로 간의 관계에서 마음을 나누는 '정'에 기반을 두고 있다고 볼 수 있기 때문이다.[86] 그래서 김문현은 요한복음에서 신적 사랑과 인간적 사랑을 의미하는 "두 동사 모두 '신적인 사랑'을 통한 '친구 관계의 사랑'을 함께 공유하며, 구현하는 사랑을 의미한다"라고 주장하기까지 한다.[87]

더욱이 베드로는 "내가 주님을 사랑하는 줄 주님께서 아시나이다"라고

---

81 김득중은 φιλια를 "세상적인 사랑 중에서도 좀 더 가치가 있는 사랑을 가리키는 것"으로 본다. 김득중, 『요한의 신학』(서울: 컨콜디아사, 1994), 338.

82 ἀγαπάω: 요 3:16, 35; 10:17; 11:5; 12:43; 13:23; 19:26; 21:7, φιλέω: 요 5:20; 11:3; 12:25; 20:2.

83 요한복음에서 φιλια는 직접 나타나지 않고, φίλος, φιλέω, φιλεῖν의 형태로 나타난다.

84 R. E. Brown, *The Gospel According to John*, vol. 2 (New York: Doubleday, 1981), 607.

85 안경순, "요한복음의 나사로 이야기-예수의 '정'(情)과 눈물을 중심으로," 161-68.

86 위의 논문, 166-70.

87 김문현, "요한복음 21장 15-23절 내러티브 읽기: 예수와 베드로의 친구 관계를 중심으로," 698.

'안다' 동사를 예수의 첫 번째와 두 번째 질문에 각각 한 번씩, 그리고 세 번째 질문에 "주님 모든 것을 아시오매 내가 주님을 사랑하는 줄을 주님께서 아시나이다"라고 두 번씩이나 사용해 대답한다. 특히 세 번째 대답에서 사용된 '안다'(γινώσκω) 동사는 예수와 개개인과의 친밀하고 끈끈한 관계(요 10:14-15ab)를 설명하는 용어로 아버지가 아들을 알고, 아들이 아버지를 아는 하나님과 예수 사이의 관계를 반영하며, 경험과 교제를 통한 서로 간에 하나 되는 깊은 관계를 전제한다.[88] '안다'는 요한복음에서 '거하다'(μένω ἐν)라는[89] 문구와 동의어로 쓰인다.[90] 곧 예수를 알고 예수 안에 거하는 것, 예수 안에 머무르는 것은 예수의 사랑 안에, 하나님의 사랑 안에 머무르는 것으로 연결된다(요 15:9-17 참조). 더욱이 베드로의 "주님 모든 것을 아시오매"라는 고백은 그의 기독론적 신앙고백으로 볼 수 있고, 예수의 신적 능력과 통찰력을 인정하는 것이다(요 1:48; 2:25; 6:6; 16:30).[91] 베드로는 예수를 '앎'을 통해 하나님의 사랑 안에 머무르고 있다.

베드로는 자신의 목숨을 내어주는 희생을 한 후에도(요 10:11, 15; 15:13) 자신을 향한 변함없는 관심과 배려를 보여주는 예수로 인해, 예수와의 관계에서 그동안 정들었던 지난 시간을 돌아보게 되었을 것이다. 또한, 베드로는 예수의 공사역, 고별 기도와 수난 그리고 죽음과 부활의

---

88 E. Haenchen, *John* 2, trans. by Robert W. Funk (Philadelphia: Fortress Press, 1984), 48.

89 요한복음에서 믿음도 "예수 안에 머물러 있는 상태"로 표현된다. 조석민, 『이해와 설교를 위한 요한복음』(서울: 이레서원, 2019), 389.

90 김동수, 『요한복음의 교회론』(서울: 대한기독교서회, 2005), 69.

91 B. B. Blaine, *Peter in the Gospel of John: The Making of an Authentic Disciple* (Atlanta: SBL, 2007), 168.

전 과정을 되새기며, 깊은 차원의 내면 변화도 있게 되었을 것이다. 그래서 베드로는 최종적으로 "내가 주님을 사랑하는 줄을 주님께서 아시나이다"라고 주님을 의뢰하며, 대답할 수 있었다. 앞으로의 삶 가운데 "끝까지"(τέλος)(요 4:34; 19:30) 자신을 아끼고 위해주었던 예수의 깊은 속을 헤아리며, 이 대답을 완성해 가야 하는 것이 베드로에게 숙제로 주어진다 할 수 있다(요 13:1 참조).[92]

예수는 이런 베드로에게 "내 양을 먹이라"라고 비로소 목양의 사명 부여를 한다(요 21:15-17). 곧 예수는 자신이 하나님의 마음을 헤아리며 양 떼를 먹이고 돌보는 사명을 감당했듯이, 베드로에게 목양의 사명 부여를 통한 제자로의 회복시킴을 통해, 자신에 대한 따름을 확증시키고 있다(요 1:29; 3:16; 13:1; 15:13-15).[93] 예수와 베드로 사이의 이러한 서로가 서로를 아껴주고 위하는 마음을 기반으로, 세 번의 질문과 대답 속에 담긴 '앎'의 궁극적 목표는 예수가 자신을 열어주고, 그것으로 베드로를 신적 본질로 변하도록 나아가게 하는 것이다(요 10:11, 14-15).[94] 신적 본질에는 양 떼를 위해 목숨을 버리는 희생이 포함된다(요 10:11, 15).

더욱이 요한복음 저자는 요한복음 21장 15-19절에서 예수와 베드로의 관계를, 예수와 예수가 사랑하는 그 제자와의 친밀한 상호관계 수준에 견주어지게 묘사함으로써 베드로와의 관계 회복에 진정성을 부여하고 있다. 예수와 베드로 사이 같은 이러한 깊은 '정'의 관계는 갈등과 위기로 점

---

92   "끝까지"는 요한복음 4장 34절과 19장 30절을 통해 생명을 바칠 정도로 온전하게, 그리고 끝까지로 해석할 수 있다.

93   S. K. Ray, *St. John's Gospel: A Bible Study Guide and Commentary for Individuals and Groups* (Sanfrancisco: Iganatius, 2002), 393.

94   구제홍 외, 『예수의 비유』 (서울: 대한기독교서회, 2009), 304.

철된 당시 요한공동체의 정황에서, 예수와 요한공동체, 요한공동체 개개인 서로 간에 배신하지 않고 더 사랑하게 하여, 궁극적으로 요한공동체의 유지 및 결속을 강화하기 위한 기능과 역할을 담당하게 하는 것이다. 좀 더 엄밀히 요한복음 저자는 예수에 대한 메시아 고백으로 인한 유대교 회당으로부터의 출교와 박해로 인한 요한공동체의 갈등과 위기의 정황에서, 예수와 베드로 사이 같은 '미운 정 고운 정'의 마음을 나누는 깊은 관계처럼, 요한공동체 개개인 서로 간에 더 아껴주고 위하며, 서로가 서로에게 희생해야 함을 상징적으로 일깨우고 있다 할 수 있다(요 12:24-25; 13:34-35; 15:12-17).[95] 이는 또한 요한공동체뿐만 아니라 "다른 양들", 곧 미래의 제자들에게까지 이어져야 한다(요 10:16 참조).[96]

예수는 베드로가 목양의 사명을 감당하게 될 때, 어떤 운명에 처하게 될 것인가에 대해서도 예언의 형태로 알려준다(요 21:18).[97] 베드로가 목양의 사명을 감당하기 전에는 자신의 길을 갔지만, 목양의 사명을 감당하게 되면 원치 않는 힘겨운 상황에 처하게 될 수 있다는 것이다. 예수는 고별 설교(요 13:31-17:26)에서 제자들에게 장차 세상으로부터 사랑보다는 미움을 받게 되고, 자신이 박해를 받은 것처럼 제자들도 박해를 당하게 될 것이라고 말하였다(요 15:18-20). 목양의 사명을 감당한다는 것은 세상으로부터 미움과 박해, 고난이 따르게 됨을 미리 밝힌 것이다. 요한

---

95   요한복음 15장 13-15절에 따르면 서로는 예수의 제자들이며, 계명들에 순종한 사람들을 가리킨다. R. E. Brown, *The Community of the Beloved Disciple*, 최흥진 역, 『요한 교회의 신앙과 역사』(서울: 한국장로교출판사, 2010), 153.

96   김동수, "요한의 세계관-배타주의인가? 포용주의인가?-," 『Canon & Culture』 14-1 (2020. 4), 25-26.

97   김동수, 『요한 신학 렌즈로 본 요한복음』, 259.

복음 21장 19절에서도 목양의 사명은 하나님께 영광 돌리는 것이며, 예수 자신을 따르는 것임을 재차 강조한다(요 10:27 참조). 예수 따름은 하나님의 영광을 위한 죽음으로까지 이어질 수 있는 것이다(요 1:14; 7:39; 21:22; 계 19:9 참조).[98] 이는 또한 세상에서 미움과 박해, 고난을 당하는 요한공동체의 유지와 확장을 위한 순교로의 초청이기도 하며(요 12:24-25; 15:13 참조), 더 성숙한 의식을 가진 공동체로 형성되어가게 하는 것이다.[99]

이렇듯 베드로가 목양의 사명을 감당함에서 우선시 되는 것은, 앞서 본을 보였던 예수처럼(요 13:15, 35; 15:8-10) 양을 위해 자신을 희생하며, 세심하게 마음을 써주는 깊은 '정'의 마음이 있어야 한다(요 17:23, 26 참조).[100] 곧 목양의 사명을 감당하기 위해서 필요한 것은, 예수의 사랑의 진심과 능력을 체험한 자로서 양에 대한 깊은 '고운 정'으로 '미운 정'까지 품어 안으며, 양을 위해 자신의 목숨까지 마다하지 않는 것이다(요 10:11, 15; 15:13). 이러한 마음 씀을 기반과 원천으로 한 목양의 사명 감당이 예수를 인식하지 못했던 세상에 예수와 하나님, 예수와 제자들, 예수와 요한공동체가 상호 거하는 친밀한 관계 안에서 하나라는 것을 인식하게 해준다(요 10:27-30; 17:21-26). 더욱이 목양의 사명 감당은 제자로서 예수를 더욱 잘 알 수 있는 유일한 길인 것이다(요 14:6 참조). 베드로

---

98   G. S. Sloyan, *What are they Saying about John?*, 서성훈 역, 『요한복음 신학』(서울: 기독교문서선교회, 2007), 133-34.

99   R. A. Culpepper, "Peter as Exemplary Disciple in John 21:15-19," *Perspectives in Religious Studies* 37 (2011. 3), 170.

100   C. S. Keener, *The Gospel of John: A Commentary*, vol. 1, 이옥용 역, 『키너 요한복음 I』(서울: CLC, 2018), 280-81.

는 예수를 따라 남은 생애 동안 흔들림 없이, 양 떼와 '미운 정 고운 정'의 깊은 '정'을 주고받으며 예수가 걸었던 길을 가야만 한다.[101] 그것이 베드로가 예수에게, 예수를 위해 못다 한 '정'을 구체화하는 방법이기도 하다. 나아가 예수가 제자들의 대표로서 베드로에게 목양의 사명을 주었다면, 예수를 따르는 제자들 모두에게 이 사명은 그대로 주어지는 것이다.[102]

101   G. R. Beasley-Murray, 『요한복음』, 726.

102   김동수, "요한복음 에필로그," 94-95.

IV.
결론

    한국인 서로 간의 관계 속에 면면히 이어지고 있는 '고운 정'과 '미운 정'은 그동안 심리학과 연관되어 중요한 매개로써 논의되어 온 것이 사실이지만, 본 연구를 통해 하나님의 사랑에 견주어 성서학, 예수와 우리의 관계와 관련하여서도 논의될 수 있음을 명확히 할 수 있었다. 예수는 요한복음 21장 1-19절을 근거로 제자들과의 관계에서, 제자들을 위한 행위에서, 친밀하고 끈끈한 '정'으로 충만했음을 상정할 수 있다. 곧 자신의 마음이 있는 자신에게 속한 제자들을 위하여 자기를 희생하며, 목숨을 버리는 "아가페"와 "필리아"의 "큰 사랑"(요15:13)을 보여주었던 요한의 예수는 마지막 장인 21장에서도 여전히 제자들과의 관계에 진정성을 부여하며, 제자들을 향한 끝없는 마음 씀을 보여주고 있다. 좀 더 엄밀한 의미에서 요한복음 저자는 요한공동체의 유대교 회당과의 갈등과 위기의 정황에서 자신들의 강력한 '내적 결속'과 '외적 저항'을 위해, 선한 목자인 예수의 우리 안에서 서로가 서로를 더 아껴주고 위하며 목숨을 버릴 수 있는 희생적 사랑에 가치를 두고자 했는데, 요한복음 마지막 장에서 이에 대해 최종적으로 강조하고 있다고 볼 수 있다. 요한복음 저자가 21장 1-19절을 통해 궁극적으로 의도한 예수의 본을 따른 사랑함과 목양의 사명 감당에 내재한 의미가 한국적 깊은 '정'의 마음 씀과 대단히 유사하면서도, 그것을 포괄하는 것임을 확인할 수 있다. 더욱이 요한복음 21장 1-19절의 예수의 제자들을 향한 따뜻한 마음과 행위의 이면에는 오랜 시간 가까이서 함께하며, 깊이 '정'든 마음을 승화시킨 용서함과 배려심이 내재해 있음을 확증할 수 있다.

예수는 요한복음 21장 1-19절에서 제자들을 아껴주고 위하는 마음을 내려놓지 않는다. 보다 깊은 관계의 '정'은 이해와 포용의 힘이 있는 것이다. 예수는 "독특한 한국인의 사랑 개념"인 깊어진 '고운 정'으로 '미운 정'까지 포용하며, 자신과의 '정'을 저버리고 배반한 제자들에게 먼저 다가가 부르시고, 끌어안는 모습을 보여주고 있다. 특히 예수는 자신을 세 번이나 부인하며 저버렸던 베드로를 온전히 용서해 주며, '미운 정 고운 정'의 마음을 나누는 참다운 '정'의 관계를 통해 진정한 '정'의 본형을 제시한다. 나아가 미우나 고우나 한 사람을 포기하지 않고, "끝까지" 아껴야 하는 목양의 본질을 제시한다. 이와 같은 예수의 지극한 '정'의 마음과 행위가 예수를 통해 하나님을 만나게 한다. 동시에 예수의 제자로서의 삶이 어떠해야 하는지에 대한 올바른 깨달음을 유도하고 있다. 예수의 제자,

곧 세상 가운데서 구별된 존재인 신앙인은 '언택트(untact) 시대'인 이 시대에 오히려 '나'와 '너'가 아닌 '우리'가 되어, 깊은 '정'의 마음을 갖고 예수와 하나가 된 삶을 기꺼이 살아내야 한다. 가까이서 구체적으로 예수의 마음 씀을 정겹게, 정답게 나누고 전하면서.

참고문헌

고미숙. "도덕적 인간상으로서 정(情) 있는 인간 탐구." 「윤리교육연구」 22 (2010. 8), 131-56.

고영건 · 김진영. "한국인의 정서적 지혜: 한의 삭힘." 『한국학』 28-3 (2005. 9), 255-90.

구미정. "정(情)의 신학." 『기독교 사상』 50-1 (2006. 1), 170-81.

구제홍 외 13인. 『예수의 비유』. 서울: 대한기독교서회, 2009.

김동수. "요한복음 에필로그: 요 21:1-25." 『헤르메네이아 투데이』 26 (2004. 3), 90-97.

_____. 『요한복음의 교회론』. 서울: 대한기독교서회, 2005.

_____. 『요한 신학 렌즈로 본 요한복음』. 서울: 솔로몬, 2006.

_____. "요한의 세계관-배타주의인가? 포용주의인가?-." 『Canon & Culture』 14-1 (2020. 4), 5-36.

김득중. 『요한의 신학』. 서울: 컨콜디아사, 1994.

김문현. "요한복음 21장 15-23절 내러티브 읽기: 예수와 베드로의 친구 관계를 중심으로." 『신약논단』 23-3 (2016. 9), 687-726.

_____. "요한복음의 하나님에 대한 소고." 『신학과 선교』 53 (2018), 173-203.

김익수. "우리 고유의 인(仁) 사상과 효 문화의 형성과 공자의 계승." 『청소년과 효 문화』 32 (2018. 12), 11-33.

김정두. "사랑, 사랑의 신학 그리고 한국인의 정." 『한국조직신학논총』 40 (2014), 275-312.

김종덕 · 이은주. "한국적 정서를 반영한 TV 광고 캠페인의 기호학적 분석과 의미 변화." 『Archives of Design Research』 27-3 (2014. 8), 153-73.

김종민. "한국인의 정(情)의 정서를 통한 동일화된 설교 적용의 연구." 목회학박사 학위논문. 총신대 목회신학전문대학원, 2018.

김창선. "신약성서가 증거하는 "믿음(πίστις).""『장신논단』 44-4 (2012. 12), 85-110.

문우일. "요한복음 저자의 신성한 익명성."『신학과 사회』 33-2 (2019), 1-29.

박호용. "숫자 17과 큰 물고기 153 표적(요 21:11)의 의미."『한국신학정보연구원』 13-1 (2019. 4), 229-62.

서중석.『요한복음 해석』. 서울: 대한기독교서회, 2012.

안경순. "요한복음의 나사로 이야기-예수의 '정'(情)과 눈물을 중심으로."『신약논단』 26-1 (2019. 3), 149-75.

오규훈. "한국인의 정(情)에 대한 고찰과 목회상담학적 함축성."『장신논단』 21 (2004. 6), 281-303.

유지운. "요한복음의 하나님에 대한 퍼포머티브-내러티브 비평적 분석-'아버지'(πατήρ) 용어 사용을 중심으로."『신약논단』 23-2 (2016. 6), 331-69.

이규태.『한국인의 의식구조 4』. 서울: 신원문화사, 2000.

이어령.『신한국인』. 서울: 문학사상사, 2000.

조석민.『이해와 설교를 위한 요한복음』. 서울: 이레서원, 2019.

최명민. "한국인의 정(情)을 고려한 정신보건사회복지 실천방법 모색."『정신보건과 사회사업』 30 (2008. 12), 356-84.

최봉영.『조선 시대 유교 문화』. 서울: 사계절, 2002.

최상진. "한국인의 심정심리학: 정(情)과 한(恨)에 대한 현상학적 한 이해."『한국심리학회 학술대회 자료집』 1993-3 (1993. 12), 3-21.

_____. "한국인의 심정심리(心情心理): 한국인의 마음을 이해하기 위한 핵심개념."『성곡논총』 31-1 (2000. 8), 479-514.

최상진 외 2인. "미운 정 고운 정의 심리적 구조, 표현행위 및 기능분석."『한국심리학회 학술대회 자료집』 1999-1 (1999. 6), 24-27.

_____. "정의 심리적 구조, 행위 및 기능 간의 구조적 관계 분석."『한국심리학회지: 사회 및 성격』 14-1 (2000. 3), 203-222.

최유진. "앤 조(Anne Joh)의 '정'(情) 기독론과 삼위일체론적 고찰."『한국조직신학논총』 32 (2012), 199-226.

_____. "'정'(情), 하나님의 형상: 한국 여성신학적 인간론."『한국조직신학논총』 41 (2015),

267-303.

최홍진. 『요한복음』. 서울: 한국장로교출판사, 2006.

Bauckham, R. "The 153 Fish and the Unity of the Four Gospel." *Neotestamentica* 36 (2002. 1), 77-88.

_____. *Jesus and the Eyewitnesses*. 박규태 역. 『예수와 그 목격자들』. 서울: 새물결플러스, 2015.

_____. *Gospel of Glory*. 문우일 역. 『요한복음 새롭게 보기』. 서울: 새물결플러스, 2016.

Beasley-Murray, G. R. *John* 1-21. 이덕신 역. 『요한복음』. Word Biblical Commentary 36. 서울: 솔로몬, 2001.

Blaine, B. B. *Peter in the Gospel of John: The Making of an Authentic Disciple*. Atlanta: SBL, 2007.

Brodie, T. L. *The Gospel According to John: A Literary and Theological Commentary*. Oxford: Oxford University Press, 1993.

Brown, R. E. *The Community of the Beloved Disciple*. New York: Paulist Press, 1979.

_____. *The Gospel According to John*. Vol. 2. New York: Doubleday, 1981.

_____. *The Community of the Beloved Disciple*. 최홍진 역. 『요한 교회의 신앙과 역사』. 서울: 한국장로교출판사, 2010.

Burge, Gary M. *John*. 김병국 역. 『요한복음』. The NIV Application Commentary 4. 서울: 솔로몬, 2010.

Carson, D. A. *The Gospel according to John*. Grands Rapids: Eerdmans, 1991.

_____. *The Difficult Doctrine of the Love of God*. IL: Crossway, 2000.

Culpepper, R. A. "Peter as Exemplary Disciple in John 21:15-19." *Perspectives in Religious Studies* 37 (2011. 3), 165-78.

Dodd, C. H. *The Interpretation of Fourth Gospel*. Cambridge: Cambridge University Press, 1980.

Haenchen, E. *John* 2. Translated by Robert W. Funk. Philadelphia: Fortress Press, 1984.

Hahn, Ferdinand. *Theologic des Neuen Testaments* Ⅰ. 김문경 외 5인 공역. 『신약성서신학 Ⅰ』. 서울: 대한기독교서회, 2000.

Hofstede, G. *Cultures and Organizations*. Berkshire: McGraw-Hill, 1991.

Joh, Wonhee Anne. "'정'(情)의 여성신학: 재미한국인의 관점에서." 『한국여성신학』 57 (2004. 7), 74-93.

Johnson, Luke Timothy. *Living Jesus: Learning the Heart of the Gospel*. SanFrancisco: HaperSanFrancisco, 1999.

Kee, H. C. *Who are the People of God?: Early Christian Models of Community*. New Haven: Yale University Press, 1995.

Keener, C. S. *The Gospel of John: A Commentary*. Vol. 2. Mass: Hendrickson, 2003.

_____. *The Gospel of John: A Commentary*. Vol. 1. 이옥용 역. 『키너 요한복음 Ⅰ』. 서울: CLC, 2018.

Klink III, E. W. *John*. Grand Rapids: Zondervan, 2017.

K'stenberger, Andreas J. *Encountering John*. 김광모 역. 『요한복음 총론』. 서울: 크리스찬출판사, 2005.

_____. *A Theology of John's Gospel and Letters*. 전광규 역. 『요한 신학』. 서울: 부흥과 개혁사, 2015.

Longenecker, R. N. *Patterns of Discipleship in the New Testament*. 박규태 역. 『신약성경에 나타난 제자도의 유형』. 서울: 국제제자훈련원, 2008.

Martyn, J. L. *The Gospel of John in Christian History*. New York: Paulist Press, 1979.

Moloney, F. J. *The Gospel of John*. Collegeville: Liturgical Press, 1998.

Moltmann, J'rgen. *Experiences in Theology: Ways and Forms of Christian Theology*. Minneapolis: Fortress Press, 2000.

Ray, S. K. *St. John's Gospel: A Bible Study Guide and Commentary for Individuals and Groups*. Sanfrancisco: Iganatius, 2002.

Sloyan, G. S. *What are they Saying about John?*. 서성훈 역. 『요한복음 신학』. 서울:

기독교문서선교회, 2007.

Stibbe, Mark W. G. *John*. England: Sheffield Academic Press, 1996.

Talbert, C. H. *John: A Literary and Theological Commentary on the Fourth Gospel and the Johannine Epistles*. New York: The Crossroad Publishing Company, 1992.

Von Wahlde, U. C. *The Gospel and Letters of John*. MI: Eerdmans, 2010.

한국인의 우리성, 정情의 관점으로
누가복음 19:41-48 새로 읽기

초판인쇄 2022년 12월 23일
초판발행 2022년 12월 23일

지은이 안경순
펴낸이 채종준
펴낸곳 한국학술정보(주)
주 소 경기도 파주시 회동길 230(문발동)
전 화 031-908-3181(대표)
팩 스 031-908-3189
홈페이지 http://ebook.kstudy.com
E-mail 출판사업부 publish@kstudy.com
등 록 제일산-115호(2000. 6. 19)

ISBN 979-11-6983-008-9 93230